平原遺跡の鏡

内行花紋鏡（14号鏡）

内行花紋鏡（11号鏡）

方格規矩四神鏡（36号鏡）

福岡県平原遺跡から1世紀の中国製方格規矩四神鏡や超大型の仿製内行花紋鏡など39面の鏡が出土した。方格規矩四神鏡には6組14面，大型仿製内行花紋鏡には1組4面の同型鏡が含まれている。同型鏡どうしは相互に大きさや図像紋様が一致するだけでなく，凸線に現われる鋳型の傷や凹線に現われる皺まで一致し，金属原型を使用したことが想定される。弥生時代の仿製鏡にも中国鏡と同じ同型鏡の技法が確かめられ，また14号鏡のように中国鏡を忠実に模倣した仿製鏡が存在することは，従来の予想をはるかに上回る弥生時代の高度な技術を物語る。

構　成／岡村秀典
写真提供／前原市教育委員会
（文化庁保管）

方格規矩四神鏡の同型鏡（左：7号鏡，右：8号鏡）

三角縁神獣鏡

島根県神原神社古墳出土（景初3年）三角縁陳是作同向式神獣鏡
（文化庁保管，島根県立八雲立つ風土記の丘資料館提供）

画文帯四獣鏡
（京都大学文学部博物館蔵）

京都府一本松塚古墳出土盤龍座獣帯鏡
（京都大学文学部博物館蔵）

滋賀県雪野山古墳竪穴式石室の鏡出土状況
（八日市市教育委員会提供）

「景初三年」銘の紀年鏡は、「正始元年」銘鏡とともに、画文帯同向式神獣鏡の構図を内区にあてはめたもの。獣像表現が共通する画文帯四獣鏡とともに、三角縁神獣鏡の系譜を考える手がかりとなる。盤龍座獣帯鏡は、同型（笵）鏡があり三角縁神獣鏡と共伴するなど、三角縁神獣鏡との関連がうかがえる。

構成／岸本直文

福岡県ヒルハタ遺跡出土小形仿製鏡鋳型
（夜須町教育委員会提供）

佐賀県二塚山遺跡出土小形仿製鏡（佐賀県立博物館提供）

佐賀県五本谷遺跡出土小形仿製鏡（佐賀県立博物館提供）

倭鏡 — 弥生から古墳へ

鏡に神威を感じ珍重した倭人社会では、もたらされた中国鏡の不足をおぎなうためにか国産の倭鏡もつくられた。弥生時代の倭鏡の多くは北部九州でつくられ、その鋳型は石型であった。畿内あるいは東海でも倭鏡がつくられたかにもみえるが、その鋳型はまだしられていない。古墳時代の倭鏡は倭王権膝下の工房で一括生産されたらしいが、真土型らしい鋳型はどこに眠るのであろうか。総じて小型の弥生鏡、大小さまざまな古墳鏡、込められた願いもやはり違っていたかにおもえる。

構成／車崎正彦

左上：滋賀県雪野山古墳出土鼉龍鏡（八日市市教育委員会提供）

右上：愛知県東之宮古墳出土方格規矩獣紋鏡（京都国立博物館蔵）

左下：群馬県三本木古墳出土神像鏡（東京国立博物館蔵）

右下：大阪府紫金山古墳出土勾玉紋帯画像鏡（京都大学文学部考古学研究室蔵）

原鏡と原作

前一世紀にもたらされた前漢鏡は、弥生時代の倭人社会では神威を秘める呪具として珍重されたらしい。その後さまざまな中国鏡ももたらされ、古墳時代にはそれら中国鏡をモデルの倭鏡が数多くつくられた。原鏡の中国鏡に刻された宇宙観や神話世界を理解できなかった倭人は、珍奇な意匠として神秘を感じたらしく、克明に模写の図像も左右反転したり奇怪な図紋に変じている。　構成／車崎正彦

中国鏡

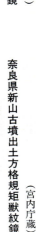

奈良県佐味田宝塚古墳出土画像鏡
（東京国立博物館蔵）

倭鏡

奈良県佐味田宝塚古墳出土画像鏡
（宮内庁蔵）

岐阜県観音寺山古墳出土方格規矩四神鏡
（美濃市教育委員会提供）

奈良県新山古墳出土方格規矩獣紋鏡
（宮内庁蔵）

福井県西塚古墳出土神人歌舞画像鏡
（宮内庁蔵）

和歌山県隅田八幡神社所蔵人物画像鏡
（東京国立博物館保管）

千葉県鶴巻塚古墳出土画紋帯四仏四獣鏡
（五島美術館蔵）

奈良県平林古墳出土画紋帯四仏四獣鏡
（奈良県立橿原考古学研究所提供）

季刊 考古学 第43号

特集 鏡の語る古代史

●口絵(カラー) 平原遺跡の鏡
三角縁神獣鏡
倭鏡—弥生から古墳へ
原鏡と原作
(モノクロ) 漢中期の鏡
破鏡／東国の倭鏡
博局鳥文鏡の系譜
漢鏡の銘文

弥生・古墳時代の鏡——————高倉洋彰・車崎正彦 (14)
倭人と鏡
多鈕細文鏡と渡来集団————————田中稿二 (17)
近畿地方における銅鏡の受容——————森岡秀人 (21)
東日本の初期銅鏡————————————林原利明 (26)
古墳と鏡————————————————今尾文昭 (30)
博局(方格規矩)鳥文鏡の系譜——————髙木恭二 (35)
中国鏡の年代と性格
雲雷文帯連弧文鏡考————————————立木 修 (38)
福岡県平原遺跡出土鏡の検討——————岡村秀典 (44)
飛禽鏡の性格——————————————間壁葭子 (48)
三角縁神獣鏡研究の現状——————————岸本直文 (52)
倭の五王の鏡————————————————清水康二 (56)

倭鏡の製作
- 弥生時代仿製鏡の製作他 ———— 高倉洋彰 *(59)*
- 仿製鏡の変遷 ———— 森下章司 *(64)*
- 倭鏡の作者 ———— 車崎正彦 *(68)*

漢鏡の銘文 ———— 笠野 毅 *(73)*

鏡をめぐる伝承 ———— 和田 萃 *(79)*

最近の発掘から
- 縄文後晩期のムラ—群馬県矢瀬遺跡 ———— 三宅敦気 *(83)*
- 縄文後期〜晩期の大墓域—秋田県虫内Ⅰ遺跡 ———— 榮 一郎 *(89)*

連載講座 縄紋時代史
- 17. 縄紋人の領域(4) ———— 林 謙作 *(91)*

書評 *(99)*

論文展望 *(102)*

報告書・会誌新刊一覧 *(104)*

考古学界ニュース *(107)*

表紙デザイン・カット／サンクリエイト

漢中期の鏡

漢中期を代表する鏡の一つである，雲雷文帯連弧文鏡の制作のはじまり，および，それらが製作された年代を，鏡に即して考えるにあたっては，雲雷文帯連弧文鏡の祖型である銘帯連弧文鏡との比較，紀年銘をもつ鏡との比較がとくに重要なこととなる。また，鏡の中央にある鈕のまわりの四葉座のあいだに表現される文様も，雲雷文帯連弧文鏡の初現を考えるうえでの資料となる。　構成／立木　修

1　銘帯連弧文鏡（銅華鏡）

2　銘帯連弧文鏡（銅華鏡）

3　伝平壌市石巌里出土銘帯連弧文鏡（居摂元年鏡）

4　福岡県立岩三五号甕棺出土銘帯連弧文鏡（精白鏡）（飯塚市歴史資料館提供）

5　平壌市石巌里九号墳出土雲雷文帯連弧文鏡

6　雲雷文帯連弧文鏡（永平七年鏡）

破鏡

前期古墳副葬品で主役を担った舶載鏡が近畿地方に入ってくる時期と過程にはさまざまな解釈がみられるが，兵庫県大中鏡を初見例として，この地方の弥生遺跡から発見される中国鏡はすべて破鏡である。和歌山市滝ヶ峯鏡が第Ⅴ様式最初期の廃棄を示す可能性があるが，他は第Ⅴ様式中頃から庄内式期の終末に限られる。

構　成／森岡秀人

兵庫県大中遺跡出土
内行花文鏡片
（残存最大長6.2cm）
播磨町郷土資料館提供

高槻市芥川遺跡出土
後漢方格規矩四神鏡
（残存最大長5.9cm）
高槻市教育委員会提供

神戸市森北町遺跡出土
前漢重圏銘帯鏡片
（残存最大長4.2cm）
神戸市教育委員会提供

和歌山市滝ヶ峯遺跡出土四虺文鏡片
（残存最大長3.2cm）
和歌山市教育委員会提供

龍野市白鷺山1号棺出土内行花文鏡片
（残存最大長8.8cm）
龍野市教育委員会提供

東国の倭鏡

東日本には弥生時代後期の段階から銅鏡が入ってくるが，その量は極めて少ない。次の古墳時代に入ると，いわゆる古墳時代小型仿製鏡が東北地方を除く地域に分布をみせるようになり，近年ではその出土例も増えつつある。　構　成／林原利明

左上：岐阜県観音寺山古墳
出土小型仿製鏡（径9.5cm）

右上：東京都館町515遺跡
出土小型仿製鏡（径7.8cm）

左下：東京都宇津木向原遺
跡出土小型仿製鏡（径6.0cm）

右下：千葉県駒形遺跡出土
小型仿製鏡（径6.1cm）

写真はいずれも林原撮影

熊本県宇土市向野田古墳鏡（宇土市教育委員会提供）

大阪府高槻市弁天山B2号墳鏡（高槻市教育委員会提供）

岐阜市長良龍門寺古墳鏡（岐阜市歴史博物館提供）

博局鳥文鏡の系譜

後漢末から三国時代ごろに作り出された博局鳥文鏡の鏡背図像として描かれた多様な鳥像には，時期や製作地（中国・倭）の違いによる変化がある。さまざまな姿態のリアルな鳥像を描くものがあるいっぽう，それだけでは何を表現したか理解しがたい文様のいくつかも系譜を辿ることによって，鳥像が退化してくずれた文様と解することができる。

構　成／高木恭二

熊本県御船町秋只古墳鏡（個人蔵）

熊本県玉名市繁根木石棺鏡
（熊本市立熊本博物館提供）

熊本県泗水町久米若宮古墳鏡
（熊本市立熊本博物館提供）

鳥取県八東町重枝古墳鏡（八東町教育委員会提供）

岡山県備前市鶴山丸山古墳鏡（岡山県立博物館提供）

縮尺は2/5

漢鏡の銘文

[銘文釈文]
（掌(鏡)）
尚方作竟大母傷、巧工刻之成文章、
左龍右虎辟不羊、朱鳥玄武順陰陽、
子孫備具居中央、長保二親樂富昌、
壽敝金石如侯王、青盖爲志何巨央、
　　　　　　　　　　　（比）　　　　（ママ）（歫惡）

[銘文釈文]
（内銘）内請質以昭明、光輝象夫日月、
　　　　　　　　　　　　　　　（清）
心葱、然壅塞而不泄、
（忽）
（外銘）煬而願忠、然壅塞而可説、
　　　　　　（ママ）　　　　　　（観）
懷糜美之窮嘩、外承驩之可説、
慕窔佻之霊景、願永思而母絶

細線式獣帯鏡（岐阜県野5号墳出土）（五島美術館提供）

細地蟠螭文鏡（中国出土）

漢鏡とは，狭くは前漢・後漢代の鏡をいうが，普通これに三国・晋代の鏡を含める。その銘文は，背面の文様・縁の形状などとともに，後世の隋唐代や宋元代の鏡（ただし，いわゆる「倣漢鏡」は除く）とは明確に区別される。また漢鏡の銘文は，いくつかの類型に分類されること，1句の字数が決められ脚韻を踏むこと，字句の脱落や付加が多いこと，内容が鏡の福禄寿をもたらす効能と背文・胎質や面の輝きなどの性状であることなど，共通点がある。ただ前漢鏡には，鏡が主体となった擬人法による銘があり，これには鏡の効能書が少ない，という特長がある。

構成／笠野毅

季刊 考古学

特集

鏡の語る古代史

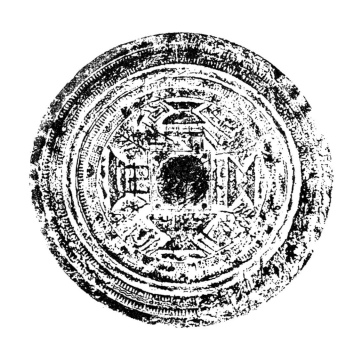

特集●鏡の語る古代史

弥生・古墳時代の鏡

高倉洋彰・車崎正彦
（たかくら・ひろあき）（くるまざき・まさひこ）

弥生時代前期末ごろにはじめて日本に伝わった鏡はやがて古墳に副葬されていく。中国鏡と倭鏡の問題を中心に各論を展開する

1 弥生時代の鏡

　弥生時代前期末〜中期前半に朝鮮半島から伝わった多鈕細文鏡は日本列島に住んだ人びとの知ったはじめての銅鏡だった。これに関しては最新の資料を交えて田中稿二に語ってもらうが，首長層に保有される鏡の特質が伝播の当初からみられる。

　だが弥生時代の鏡の典型は中国鏡にある。学史はそれを宝器として扱い，かつまた弥生時代の実年代を考える絶好の資料として活用してきた。そこでこの特集ではこの点を割愛し，弥生時代からいかなる階梯を経て古墳時代へと鏡の思想が連なるのかを考えてみたいと思い，北部九州の局地的な習俗が，いつ，どのようにして東へ拡大していったのかを，森岡秀人・林原利明にまとめていただいた。

　以下，弥生時代の鏡のもつ特質と習俗の列島化を略述し，特集の前提としたい。

　前漢鏡の特質　弥生時代中期後半頃に北部九州に登場してきた前漢鏡は，その当初から，隔絶した内容の特定個人墓に集中して副葬されるという際立った特質をもっている。

　前漢鏡は山口県下関市地蔵堂遺跡を東限とする北部九州の16遺跡で出土している。それらを平野を単位に検討すると，基本的に1平野（広域の場合は後の郡程度のひろがりに細分した地域）に1〜2遺跡となる。ここに銅鏡を保有しうる集団の限定性が示されている。三雲南小路遺跡や須玖岡本遺跡のある糸島平野部や福岡平野部では，平野を単位とした地域社会の中心がこれらの遺跡であることは歴然としている。

　この玄界灘沿岸部の糸島・福岡両平野部の3基の墓に前漢鏡は集中する。前原市三雲南小路1号甕棺墓と春日市須玖岡本D地点甕棺墓に副葬されていた鏡は重圏彩画鏡・四乳雷文鏡・方格四乳草葉文鏡・重圏四乳草葉文鏡などの戦国鏡ないしは古期の前漢鏡を含んでいるが，多くは異体字銘帯鏡に属する清白鏡類である。ことに四乳葉文鏡や清白鏡にみられるように，これらの鏡は面径が15〜18cm前後の大形であるばかりでなく，出来栄えも素晴らしい。しかも王墓と呼ばれるような首長個人の甕棺墓に一括して副葬されているところに特色がある。金銅四葉座飾金具やガラス璧を共伴している点などを考慮すると，これらとともに前漢皇帝から下賜されたものであろう。

　下賜品であるがゆえに，それらは背後にある前漢皇帝の権威を顕示したであろうし，その中で数多く入手できた銅鏡が首長の権威を象徴する宝器として北部九州に定着したのであろう。

　銅鏡習俗の列島化　銅鏡およびそれにともなう習俗は，後期中頃まで，北部九州に限られた地域的な現象であった。ところが古墳時代になると，この習俗は列島に共通のものとなる。そしてその基盤は後期後半から終末にかけての鏡の急速な東方伝播によって形成される。

　銅鏡の東伝には重要な変化をともなう。それは①長宜子孫内行花文鏡に獣首鏡・双頭龍文鏡・半肉彫式獣帯鏡などが加わった後漢中後期の鏡と，内行花文帯を配することの多い小形仿製鏡からな

る鏡の急増，②後期前半までの厚葬とは異なる１棺１面の原則，③前後の時期にはみられない破鏡としての使用，④住居や溝などの生活遺構からの出土，などが認められるようになることである。厚葬がみられないことはこの時期の北部九州に王墓の検出例が報告されていないことと関連するかも知れないが，それにしても銅鏡出土遺跡の急増，ことに生活遺構からの出土が示すように，それを使用する階層が首長層よりも下位にまで及んだことは確実である。

分布の拡大にともなって，権威の象徴としての鏡のもつ習俗が，この時期に東方に伝播したことを当然考えてよい。東伝の口火を切るのは内行花文日光鏡系仿製鏡第Ⅱ型ａ類および同系の仿製鏡であった。本州での鋳造とみられる仿製鏡は群馬県（ただし古墳副葬例）にまで及んでいる。こうした仿製鏡の基盤のうえに石川県の金沢市無量寺Ｂ遺跡の双頭龍文鏡片や羽咋市次場遺跡の四乳虺龍文鏡片のような中国鏡の破鏡の東伝がある。これらの仿製鏡や中国鏡片は北部九州において，中核的集落から出土してはいるものの，首長層の墓からではない。中・四国〜近畿地方およびそれ以東でも出土遺構のほとんどが生活遺構であることは，それがトップクラスの権威ではなく，次位の階層のそれであったことを示している。

東伝した鏡には，きわめて少数ではあるが，岐阜市瑞龍寺山遺跡の長宜子孫内行花文鏡のように完全なままの中国鏡がある。これは墓への副葬例であり，北部九州での習俗に合致する。首長層のなかには同様に中国鏡の完鏡を入手していたものがあり，それが前期古墳に副葬された中国鏡である可能性は高かろう。いまだ弥生時代の中国鏡完鏡の例が少ないために論証できないが，首長層の権威の象徴としての鏡の性格は，やはり後期後半〜終末の段階に東伝したと考えざるをえない。

急増し分布を拡大した鏡の，需要層への対応を可能にしたのが，独自の鏡生産であり，鏡の分割であった。こうして弥生時代後期後半〜終末（一部古墳時代を含む）の400近い遺跡から銅鏡が出土するようになる。それは本来，銅鏡を使用する習俗，およびその背景にある権威の象徴としての性格の列島化であった。

次なる古墳時代の先駆けをなした列島化の時代，それは「魏志倭人伝」の語る倭国の形成期であろうが，破鏡現象や生活遺構からの出土，弥生時代小形仿製鏡の製作が終息する庄内式土器期をもって終わる。　　　　　　　　　　（髙倉洋彰）

２　古墳時代と鏡

日本の古墳とくに前期古墳の特徴の一つは，鏡の副葬が顕著なことである。すでに３千面をこえる古墳出土鏡には，中国でつくられ日本にもたらされた中国鏡も少なくないが，その模作を起点に日本で製作された倭鏡はさらに数多い。しかも記紀をはじめ古典には，鏡の神威を物語る伝承がしばしば記される。明治・大正以来の古墳時代研究史において副葬品のなかでも鏡に最も重大な関心が寄せられてきたのも故ないことであるまいし，「鏡の語る古代史」という特集にあたり古墳出土鏡を大きくとりあげた理由も了解されようが，つぎに編集しての雑感を少しく綴ることにしたい。

古墳時代開始論　鏡を副葬する習俗は，北部九州では弥生時代前期末頃にはじまり，後期末頃になると鏡を副葬する墳丘墓は列島各地に出現する。しかし鏡を副葬する古墳時代前夜の墳丘墓はそれほど数多いわけでなく，しかも墳丘墓では副葬に際して鏡を破砕する行為がしばしばみられ，鏡のとりあつかいは古墳とはやや異なるらしい。

墳丘墓と古墳という時代区分論とかかわる用語を使ったが，この重大な問題にまだ充分な意見の一致をみない。ただ鏡を題材に意見をはさむとすれば，三角縁神獣鏡をおいて論じられまい。三角縁神獣鏡およびそれとふかく関連する鏡には倭が魏王朝の冊封体制にはいった239年と240年「景初三年」「景初四年」「正始元年」の紀年を刻む４種７面が知られる。「魏志倭人伝」に記す「銅鏡百枚」が「主として三角縁神獣鏡」（小林行雄『古墳時代の研究』青木書店，1961）であるのか，また魏帝の制書に違わずただちに国中に示されたのか，見解のわかれるところであろうが，三角縁神獣鏡は老司古墳鏡を唯一のぞけば破鏡にされたり副葬に際して破砕されることがなかった点で後漢・三国代の中国鏡のなかで稀有な鏡である。340面以上のなかに墳丘墓の出土例はなく，多くは地域最古の古墳に副葬され，三角縁神獣鏡が古墳時代の幕開けを象徴するごとくであれば（近藤義郎『前方後円墳の時代』岩波書店，1983），古墳時代への変革も邪馬台国の女王卑弥呼の親魏倭王への冊封とまったく無縁ではなかったかにもおもえる。

古墳時代開始の画期として生産組織の創設を重

視する川西宏幸（「儀杖の矢鏃」考古学雑誌，76―2，1990）は「儀杖用矢鏃の生産・分与の創業」に「広域に及ぶ政治秩序形成の中核を占めようとする政権の抬頭」すなわち「古墳時代の開始を告げる点鐘」を聴き，奇しくも「非墓制論の立場で貫かれている」小林行雄の著名な伝世鏡・同笵鏡論（『古墳時代の研究』前出）と同じ帰結に到達するが，いま倭鏡の生産体制に着目すれば，倭鏡も同じく倭王権膝下の工房での一括生産とみるのがすなおで，しかも面径の大小という格差を顕在する点でいっそう序列的秩序形成に利するならば，王権の政治体制もさらに大きく革新されたと考えてよい。とはいえ中核者たらんとの倭王権の意向は，利害の対立する各地の有力者にただちに容認されたわけではあるまい。はたして倭鏡の大小と古墳の規模とのあいだには明瞭な相関をみとめがたく乖離が目立つが，むしろ乖離のあり方にけっして安穏ではなかった倭王権の政治体制の整備の実像を読みとるのも一案におもえる。

　　用語の問題　宋代『博古図録』に溯るとまでいわないにせよ，三宅米吉や高橋健自また富岡謙蔵にはじまる鏡の研究史は，伝統ゆえに便宜的な名称が学説史的に踏襲され用語にやや統一を欠く。特集にあたり用語の統一を考えなかったわけでもないが，それぞれに研究史的背景をもつ用語をいたずらに弄るよりも今後のいっそう透徹した検討を期して，今回は執筆者各自の見識に委ねることにした。とはいえ西田守夫（「中国古鏡をめぐる名称」MUSEOLOGY，8，1989）の指摘のごとく「名称を，紋様と銘文の研究に基づいて，検討せざるをえなくなっている」状況も確かにちがいない。

　　そこで西田の驥尾に付して用語の錯綜を幾つか例示すれば，まず舶載鏡と仿製鏡（倣製鏡とも書く）との用語がある。この用語は列島内の鏡を論じるには便利でも，古鏡全般にわたって述べるには不都合である。舶載鏡とは，日本にもたらされた中国鏡というほどの意味であろうが，ともかく中国出土の中国鏡には使用しがたい。いっぽう仿製鏡の用法もかなり曖昧で，中国鏡を模作した鏡，日本独特の紋様を刻む鏡，日本特有の鏡，すべて仿製鏡と呼んでいる。しかも中国鏡を模倣の鏡は朝鮮半島・東南アジア・中央アジアにも知られるから，仿製鏡を日本列島で製作の鏡の意味に限定するのは適切を欠く。とすれば中国鏡と倭鏡と呼ぶのが穏当におもうが，和鏡とまぎらわしい倭鏡も

最適ではない。ともあれ中国鏡のばあい前漢鏡とか後漢鏡あるいは魏鏡や呉鏡といった時代・地域を限定した用語も併用されるであろうし，また倭鏡でも時代を限定する必要があれば，たとえば弥生鏡とか古墳鏡とするのも一案かとおもう。

　　同じ形式に複数の鏡式名称がある例は，連弧紋鏡と内行花紋鏡，博局紋鏡と方格規矩鏡，龍虎鏡と盤龍鏡など枚挙にいとまなく，鏡式の分類基準も不統一は蔽うべくもないかにみえる。また紋様と文様の用字の違いは鏡だけの問題にとどまらない。そもそも用語にこだわるのは，鏡式名称が鏡式分類ひいては鏡の系譜の理解にふかくかかわると考えるからで，たとえば立木修が銘帯連弧紋鏡・雲雷紋帯連弧紋鏡・凹帯連弧紋鏡という系譜的連繋をもつ鏡群を連弧紋鏡と包括するのは至便かつ理に適う用語とおもう。しかも日月星辰の光芒の図紋は（林巳奈夫「中国古代における蓮の花の象徴」東方學報，59，1987），花弁にみたてた内行花紋鏡では齟齬に悩むことになる。中国鏡の研究に疎い筆者は西田の提言を充分に咀嚼できないが，鏡式名称の問題は重大な課題にちがいない。

　　倭鏡の鏡式名称のばあい，さらに厄介な問題もある。たとえば鼉龍鏡の図像は中国伝説上の鼉龍のはずはないが，2形式の画紋帯神獣鏡の図像を換骨奪胎して創案の図紋であれば，中国鏡と同じ名称も採用しがたい。しかも捩紋鏡も同じ意匠の倭鏡とみれば，まず両者を括る鏡式名称を準備すべきであろう。そもそも思想的背景の希薄な倭鏡のばあい図紋変遷において鏡式通則を遵守する制約が小さいため，複数鏡式の図紋が混淆する傾向がつよく単系的系譜だけで律するのは至難である。こうした難題をこえて倭鏡の形式名称を如何に制禦するのか，いまだ成案をもたないが，今後さらに模索を続けるべき課題とおもう。

　　ところで，今回の特集は，古鏡研究の到達点を語るものであっても，その終着点を示すものではない。掲載の論考はいずれも新たな視座を見据え，鏡の研究に新しい課題を投げかけた試金石と考えている。漸くたどりついた帰結も碩学からみれば自明のことかもしれないが，多くのテーマを気鋭の研究者に分担いただいた意図からすれば，特集の目的の過半は達せられたと満足感をおぼえている。さらに欲をいえば今回の特集を機に鏡の研究を志す読者が輩出して，真摯な研究がいっそう展開することをひとえに望みたい。　（車崎正彦）

特集●鏡の語る古代史

倭人と鏡

倭人は鏡をどのように受け入れたのだろうか。弥生時代から古墳時代へ，地方ごと，あるいは鏡式ごとに軌跡をたどってみよう

多鈕細文鏡と渡来集団／近畿地方における銅鏡の受容／
東日本の初期銅鏡／古墳と鏡／博局鳥文鏡の系譜

多鈕細文鏡と渡来集団

大和町教育委員会
田中稿二
(たなか・こうじ)

朝鮮半島で生まれた多鈕細文鏡は日本で7例知られるが，本村籠などにみられる青銅器の共伴例は渡来系工人集団の存在を示している

日本列島への青銅器文化の本格的な到来は，弥生時代前期末から中期前半の朝鮮半島の青銅器文化の伝来であった。朝鮮半島の青銅器文化は，遼寧地方（中国東北部）の青銅器文化を母体に朝鮮半島で独自に発達したもので，この文化のなかで生み出されたのが多鈕細文鏡である。多鈕細文鏡は多鈕粗文鏡から発達したもので，鏡面の凹面と，鏡背のコンパス文・直線文によって構成される細線文様によって特色づけられる。細文鏡の出土した遺跡は，朝鮮半島で18例[1]，日本列島で7例[2]を数える。

多鈕鏡の研究としては鏡の文様構成を中心とした型式学的研究が詳細に行なわれているが，本稿では細文鏡が出土した遺構と共伴青銅器を中心に，朝鮮半島からの渡来集団との関係について論じてみたい。

1 日本出土の多鈕細文鏡

日本で出土した細文鏡のうち，長野県佐久市の鏡は，穿孔された鏡片で伝世品である。また大阪府柏原市大県遺跡と奈良県御所市名柄遺跡との出土鏡は遺構不明（埋納？）だが，名柄遺跡のものは銅鐸と共伴している。ほか4例は九州・山口地方の出土で，梶栗浜遺跡，吉武高木遺跡，宇木汲田遺跡，本村籠遺跡（図1—③）である。この4例は共伴する土器・甕棺から遺構の前後関係を，梶栗浜（前期末〜中期初頭）・吉武高木（中期初頭）・本村籠（中期初頭新）→宇木汲田（中期前半）とすることができる。かつて本村籠遺跡の甕棺を検討した結果，汲田式甕棺とは断定し難いとみて中期初頭の新段階とした[2]。しかしながら異論も多く，城ノ越期を認めない立場や地域的な様相の違いに留意する立場や型式的見解の相違によって，中期前半の甕棺であるとみなす意見がある。この問題については，近年，前期末〜中期前半の数十基にのぼる良好な甕棺群が大和町でも検出されており[3]，周辺の甕棺群も含めて，近い将来この時期の佐賀平野の甕棺の様相が判明すると期待され，その段階で再度他地域との相対年代について検討する必要がある。ただ宇木汲田遺跡の甕棺よりは型式的に先行する甕棺であることは明らかなので大勢に影響はないと考える。

2 多鈕細文鏡と共伴する青銅器

日本出土の7例のうち，確実な遺構に伴っているのは北部九州の4例である。このうち梶栗浜遺跡以外の3例は，北部九州甕棺墓制圏内の出土例である。朝鮮半島での細文鏡の出土例は遺構の不

17

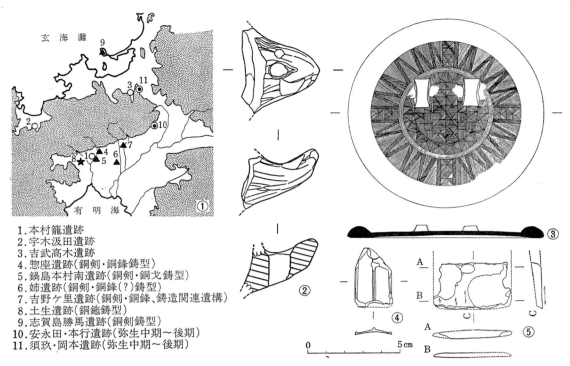

図 1 多鈕細文鏡出土地と青銅器鋳型出土地（中期前半以前）

1. 本村籠遺跡
2. 宇木汲田遺跡
3. 吉武高木遺跡
4. 惣座遺跡(銅剣・銅鋒鋳型)
5. 鍋島本村南遺跡(銅剣・銅戈鋳型)
6. 姉遺跡(銅剣・銅鋒(?)鋳型)
7. 吉野ケ里遺跡(銅剣・銅鋒、鋳造関連遺構)
8. 土生遺跡(銅鉇鋳型)
9. 志賀島勝馬遺跡(銅剣鋳型)
10. 安永田・本行遺跡(弥生中期～後期)
11. 須玖・岡本遺跡(弥生中期～後期)

明なものが多いが，遺構のあきらかなものが 7 例ある（表）[4]。そのいずれもが墳墓に伴うもので，祭祀遺構・埋納遺構などからの確実な出土例は，現在のところ知られていないようである。当時の朝鮮半島の青銅器文化と北部九州の弥生文化にはそれぞれの異なった文化的諸様相があるが，ここではそれぞれの墓制の違いや時間的差異を棚上げして，副葬された細文鏡と青銅器の共伴関係についてみることにする。

表に示したように朝鮮半島の出土例は，青銅器の組合せに 5 つのパターンがみられる（また遺構は不明だが共伴青銅器が知られている例が 6 例ほどある）。これを単純化すると，鏡，鏡＋武器，鏡＋武器＋工具，鏡＋武器＋工具＋儀器の組合せである。いっぽう九州・山口地方では，鏡＋武器，鏡＋工具の組合せがある。両地域の組合せで多数を占めるのは，武器を有する組合せ 9 例（朝鮮 6・九州 3），工具を有する組合せ 5 例（朝鮮 4・九州 1），儀器を有する組合せ 3 例（朝鮮 3）である。

朝鮮半島において細文鏡を副葬しない墳墓で，武器・工具・儀器の副葬の共伴関係がどのような数量的比率関係にあるのか不明であるが，細文鏡を副葬する墳墓での共伴関係をみるかぎり，武器・工具が重んじられているといえよう。とくに武器が重視されているが，それよりも北部九州との関連で注意を引くのは，権威の象徴である鏡

表 墳墓に副葬された多鈕細文鏡と共伴青銅器一覧

	多鈕細文鏡出土地	遺構	共伴遺物
朝鮮半島	咸鏡南道金野郡龍山里	土壙墓	細文鏡1　細形銅剣1
	咸鏡南道咸興市梨花洞	土壙墓	細文鏡2
	黄海北道鳳郡松山里	石槨墓	細文鏡1　細形銅剣　銅鉇　銅鑿　銅斧
	忠清南道扶余郡九鳳里	石槨墓	細文鏡1　粗文鏡1　細形銅剣11　細形銅矛1　細形銅戈2　銅鑿1　銅鉇1　銅斧2
	忠清南道礼山郡東西里	石槨墓	細文鏡2　粗文鏡2　無文鏡1　細形銅剣9　剣把形銅器3　喇叭形銅器2
	全羅南道咸平郡草浦里	石槨墓	細文鏡3　細形銅剣4　桃氏剣1　細形銅戈3　細形銅矛2　銅鉇1　銅鑿　銅斧1　竿頭鈴2
	全羅南道和順郡大谷里	木槨墓	細文鏡2　細形銅剣　銅斧　銅鉇　八頭鈴具　双頭鈴具
日本列島	山口県下関市梶栗浜	石棺墓	細文鏡1　細形銅剣2　弥生式土器
	福岡県福岡市吉武高木	木棺墓	細文鏡1　細形銅剣2　細形銅戈1　細形銅矛1
	佐賀県大和町本村籠	甕棺墓	細文鏡1　銅鉇1
	佐賀県唐津市宇木汲田	甕棺墓	細文鏡1　細形銅剣1

18

と武器とともに，工具が権威の象徴の一端をになっていることである。

3　北部九州の墳墓に副葬される青銅器

　北部九州において弥生時代前期末の甕棺墓から本格的に副葬されるようになる青銅器は，鏡と武器であり，これに少数であるが銅釧などの青銅製装身具が加わっている[5]。北部九州に伝わった細形銅剣・銅矛・銅戈がそれほど時期をおかずに鋳造され始めたことは古い鋳型の出土で明らかだが，その後青銅製武器が中細→中広→広形と型式変化していくなかでも鏡・武器の重視は変わらない。そのいっぽうで青銅製工具（銅鉇・銅鑿・銅斧など）の墳墓への副葬例はほとんど知られていない。銅鉇は日本で8例出土しているが，墳墓への副葬は佐賀県武雄市釈迦寺遺跡の中期前半の甕棺墓に細形銅剣とともに副葬された例と本村籠遺跡（図1─④）だけである。また他の例も住居内の出土などで，祭祀遺構の出土例はない。ただ鉄器が急速に普及してくる中期後半以降，鉄製武器の副葬とともに鉄製工具の副葬があらわれてくる。とくに後期に入っての鉄製工具の副葬が目立ってくる。前期末から中期にかけての首長層の集団墓としては，福岡県福岡市の吉武高木・吉武大石・吉武樋渡遺跡，福岡県飯塚市立岩遺跡，佐賀県唐津市宇木汲田遺跡，佐賀県神埼郡吉野ヶ里遺跡が著名であるが，鉄製工具の副葬が立岩遺跡で2例（中期後半）あるのみで，首長層の権威の象徴としての工具は，朝鮮での取り扱いに比べて極めて異なるといわざるを得ない。

　こうした状況のなかで本村籠遺跡の細文鏡の共伴関係は特異にみえるが，じつは朝鮮の粗文鏡に同様の例があり，全羅北道完州郡如意里の石蓋土壙墓で，粗文鏡2・銅斧1・銅鑿1が出土している。このことは本村籠遺跡の被葬者が朝鮮半島の青銅器文化の影響を色濃くもっていることをうかがわせる。また前期末の2号甕棺墓からも銅斧片（図1─⑤）が出土しており，本村籠の墳墓群が中期前半以前の北部九州において特異な存在であることを強く示唆する。

4　本村籠出土鏡と渡来集団

　北部九州での青銅器鋳型の出土例は毎年増加の一途をたどっており，その詳細をつかむことはできないが，中期前半の時期の鋳型の出土例は未だ少ない（図1─①）。古い段階の鋳型の出土例は，現時点では筑紫地域のなかでも佐賀平野に集中している。92年には佐賀県三日月町土生遺跡で銅鉇の鋳型が掘立柱建物跡（中期前半）から出土し，列島での銅鉇の生産を初めて証明した[6]。また吉野ヶ里遺跡では中期初頭から前半の工房関連遺構が検出されている[7]。佐賀平野での青銅器生産は武器から工具まで，細文鏡以外の青銅を生産していることになる。

　佐賀平野の古い時期の鋳型出土遺跡の特徴の一つは，その過半数の遺跡で朝鮮系無文土器が出土することである。土生遺跡・鍋島本村南遺跡（1kmほどの近距離に本村籠がある）・姉遺跡がそれで，また本村籠遺跡でも中世の柱穴からではあるが，小形の牛角把手が出土している。こうした状況は中期前半以前の甕棺墓の被葬者と関係があると思われる（図1─②）[8]。つまり佐賀平野では，古い時期の青銅器生産に朝鮮系無文土器集団が深くかかわっているといえよう。また本村籠遺跡の青銅器の鉛同位体比測定の結果は，細文鏡・銅鉇・銅斧とも朝鮮半島の材料を使用していることを推測している[9]。

　前述したように本村籠遺跡の被葬者は朝鮮半島の青銅器文化を色濃くもつものであり，嘉瀬川流域の渡来系集団の首長の一人であった可能性がある。また佐賀平野での古い時期の鋳型をめぐる諸状況はこの被葬者の保有した細文鏡がこうした渡来系集団によって鋳造された可能性を否定するものではない。

　この首長が弥生社会の甕棺に埋葬され，青銅製武器を有していない事実は，渡来系集団と弥生社会の関係の一端を物語るものである。渡来系集団の最初の移住者たちが自らの集団的基盤と独自性をもって一定の地域的占有をめざす集団として佐賀平野にやってきたのであれば，彼らの首長のもつ権威の象徴はまず武器であろう。また彼らの文化的背景は武器の権威を充分に認めていた社会である。しかし本村籠遺跡の首長は武器の権威をもっていない。彼らが青銅製武器を手にすることは容易であったと考えられるにもかかわらず，首長墓に武器を副葬せず銅鉇という工具を副葬しているのは，彼らが「工人集団」という限定された性格をもっていたからであろう。その性格と数的問題によって渡来系集団は，弥生社会に吸収されていかざるを得なかったと考えたい。そして佐賀平

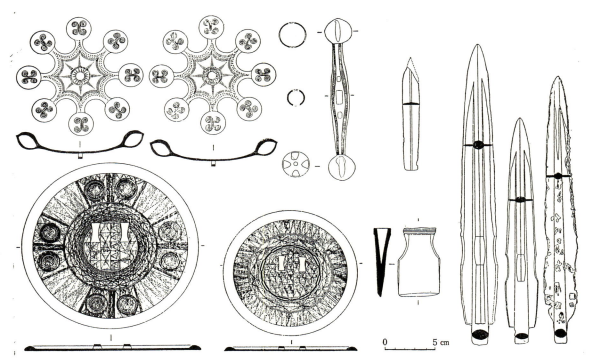

図 2　韓国大谷里遺跡出土の多鈕細文鏡と青銅製品（『日韓交渉の考古学』より）

野の中期前半の弥生社会が「渡来系工人集団」に求めたのが，武器の権威を重視した青銅器の生産であったろうことは，吉野ヶ里遺跡墳丘墓の青銅製武器群が如実に物語っている。

　前期末から中期前半に北部九州の各平野に青銅製武器が出現し，その後北部九州独自の青銅器文化を形成して，安永田遺跡・本行遺跡（佐賀県鳥栖市・図1-①），須玖・岡本遺跡（福岡県春日市・図1-①）のような大規模な青銅器生産拠点を出現させる基礎には，青銅製武器の舶載とともにこうした「渡来系工人集団」による朝鮮半島の原材料を用いた青銅器の生産があったのであろう。

註

1) 甲元眞之「多鈕細文鏡の再検討」古文化談叢，22，1990
2) 田中稿二「佐賀県佐賀郡大和町本村籠遺跡出土の多鈕細文鏡について」考古学雑誌，77-4，1992
3) 谷澤　仁『尼寺一本松遺跡発掘調査報告』大和町文化財調査報告書17，1992
4) 掲載した表は註1)・2)より作成した。
5) 『早良王墓とその時代』福岡市立歴史資料館，1986
6) 三日月町教育委員会中摩浩太郎氏よりご教示いただいた。
7) 佐賀県教育委員会『吉野ヶ里遺跡発掘調査概報』1990
8) 田中稿二『平成2年度大和町内遺跡確認調査』大和町文化財調査報告書16，1992
9) 平尾良光・榎本淳子「本村籠遺跡から出土した青銅製品の鉛同位体比」考古学雑誌，77-4，1992

※小論を書くにあたって春日市教育委員会平田定幸氏，小郡市教育委員会片岡宏二氏，鳥栖市教育委員会向田雅彦氏よりご教示いただいた。

参考文献

全榮來『韓国青銅器時代文化研究』新亞出版社，1991
小田富士雄・韓炳三編『日韓交渉の考古学』六興出版，1991
金関　恕・佐原　眞編『弥生文化の研究6』雄山閣出版，1986

近畿地方における銅鏡の受容——■

芦屋市教育委員会
森 岡 秀 人
（もりおか・ひでと）

近畿における完形中国鏡の受容は弥生時代ではなく，古墳
時代初期に三角縁神獣鏡とともに入ってきたと考えられる

倭のクニグニに君臨した王たちが前漢並びに後漢を通じて，朝貢という手段で対中国外交を精力的に展開し，さまざまな漢代文物が日本列島，とりわけ北部九州にもたらされたことはつとに知られている。中でも銅鏡は弥生王墓にまとまった数副葬され，早くから重宝視されているが，『魏志』倭人伝には，魏帝の詔書において「汝の好物」とさえ表現せしめている。当時の倭人がいかに鏡を欲したかが知られるわけだが，その出土分布はあまりにもアンバランスであり，時代の推移に整合性をみないのである。

古墳出土鏡に見出される近畿地方の優位性は誰しも認めるところだが，弥生時代の遺跡が保有する舶載銅鏡の数は現在なお貧弱であって，さらに中国製では完鏡例を欠く。現象的には鏡を墓の中に埋納する風習の重心が弥生時代から古墳時代にかけ北部九州から畿内へ移ったように読みとれるが，ことはそう単純ではない。小論では，近畿地方の弥生人が銅鏡と初めて接する契機と時期，受容の必然性と副葬鏡発展への意識変革などを問題とし，併せそれらをめぐる諸説の争点についても整理を試みておくことにしよう。

1 銅鏡西から東へ

（1） 近畿弥生人が最初に手にした鏡

製作年代からすれば，近畿地方最古の銅鏡は朝鮮半島製である。いわゆる多鈕細文鏡で，大阪府柏原市の生駒山西麓の山頂付近で単独採取された大県鏡は，朝鮮・日本出土類鏡（20数面）中最大の大きさを誇り（直径 21.7 cm），外区複合鋸歯文など単位文様や施文構成の省略，とくに円圏帯の簡略化を基準とした細別案では日本最古の位置を占める[1]。この鏡はⅠ式とされるが，Ⅱ式に比定されるいま一例が奈良県御所市名柄から出土しており，これには外縁付鈕Ⅱ式銅鐸が伴っていた。宇野氏によれば，多鈕細文鏡Ⅰ式は紀元前2世紀に出現した朝鮮西岸系，同Ⅱ式は前1世紀に登場をみた朝鮮東岸系とされ，その転換期は「ほぼ弥生

前期と中期の境と一致する」という[1]。

北部九州を中心とする地域では，中国鏡の受容に先立ってこれら多鈕細文鏡が招来されており，佐賀県唐津市宇木汲田遺跡12号甕棺墓出土鏡（Ⅱ期，細形銅剣伴出），福岡市吉武高木遺跡第3号木棺墓出土鏡（Ⅱ期，細形の銅剣・銅矛・銅戈などと共伴），山口県下関市梶栗浜遺跡箱式石棺墓出土鏡（Ⅰ期末，細形銅剣2本共伴）が示すとおり，すべてⅡ期以前の墓棺内で青銅製細形武器類とともに副葬されていた点が共通する。これに対し，近畿の2例は共に埋納品とみられ，当初から鏡の取り扱いに異なった風習が定着したようである。その流入時期について，寺沢薫氏は「少なくとも細形青銅武器類の盛行時期に併行する畿内第三様式以前にあっては，近畿以東への細形青銅武器類の流入するようなルートは完備されていなかった」ことを前提に，「第四様式期内に求めることが合理的」としている[2]。

多鈕細文鏡は周知のとおり凹面鏡であり，太陽崇拝の祭祀具，シャーマニズムと結びついた呪具とされるが[3]，北部九州圏でみられた細形銅剣との組合せは，朝鮮半島中部以南の地域に共通するセット関係であり，その源流は春秋時代，遼西遼東における多鈕粗文鏡と遼寧式銅剣のセットに求められ，さらにその淵源は西周後半以降の鏡と有柄式銅剣を用いた祭儀にある[4]。言わば日本列島内部において近畿地方に達した時，初めて墓や銅剣との結合関係が切断されたわけであり，わずかな資料とはいえ，東アジアの最東縁で変容しきった鏡のおかれた位置と姿をみることができる。近畿では銅鐸など青銅器とのセット関係がまだ保たれていたと想像されるが，長野県佐久市野沢の例では，すでに鏡片と化した垂飾となっており，硬玉製勾玉・碧玉製管玉・鉄石英製管玉・鉄斧片と共に弥生土器（壺）に埋納されるといった次元を異にしたあり方を示す。私は近畿への東伝に時間のズレは認めるが，以西出土例同様，完鏡としての使用を重視し，共伴銅鐸の埋納年代観からおよ

21

そⅢ期には，畿内の弥生人が白銀の輝きを放つ朝鮮鏡に接した驚きを共有し始めたと考える。

（2）　中国鏡の流入契機と時期をめぐる争点

中国鏡の近畿圏流入は，古墳副葬舶載鏡の歴史的評価と強く関わっており，現在も諸説が対立しており，定見をみるに至っていない。

その一つが前期古墳出土の後漢鏡に対する伝世鏡というとらえ方である。梅原末治氏が果たした先駆的な仕事[5]を理論的に発展させた小林行雄氏は，弥生時代段階にすでにもたらされていた中国鏡が近畿においては祭祀的宝器として長らく伝世し，権威形式の革新を経て先代の司祭的首長の死に伴い副葬されたと考えた[6]。中国鏡の入手時期に関しては，奴国王の朝貢時期，1世紀中頃に方格規矩四神鏡を，師升の朝貢時期，2世紀初頭に内行花文鏡を想定しており，かつての佐原眞氏による暦年代観[7]にしたがえば，それぞれ弥生中期前半と中期後半という時期が与えられる。方格規矩鏡の入手時期が外縁付鈕式鐸の分布の形成時期にあり，内行花文鏡の入手時期が扁平鈕式鐸の分布の形成時期にあると推論した川西宏幸氏の年代観[8]もまた同様であり，近畿弥生人が主要な後漢鏡を弥生中期のうちに完鏡の形で多数保持したことを前提とする議論であった。

私の実年代観で言えば[9]，弥生中期前半は紀元前2世紀後半，同中期後半は紀元前1世紀後半を中心とする時期であり，後漢鏡の招来は物理的に無理な立論となるが，そもそも奴国王の朝貢を契機とした鏡の入手が畿内を中心とする地域で起こりうる必然性自体が疑問なのである。また，近畿の弥生遺跡で完形中国鏡が1面すら出土しない現象を伝世鏡の性格からして当然とみる考えは，甚だ考古学的ではない。銅鏡から伝世的性質をとり去ることはできない相談だが，完鏡でさえ1面も伝世途絶の事故なく古墳時代に残されていくことを想像することは不可能であろう。

この点，岡村秀典氏が示した製作年代に根ざした漢鏡編年[10]は，伝世鏡論者の中では最も暦年代修正を加えており，中国鏡の畿内流入をかなり遅く見積る私のような立場の者とも弥生の終末年代についてはある程度接点をもつことができる。中国・四国から近畿にかけての地域で，鏡の増加が著しく目立つのは，岡村・漢鏡5期であり，1世紀中頃～後半の製作鏡と考えられている。岡村氏はこの段階にすでに銅鏡保有にみられる「畿内中

枢部の優位性」を認め，奈良県天神山古墳（方格規矩四神鏡6面，内行花文鏡4面）を筆頭に，京都府椿井大塚山古墳（方格規矩四神鏡1面，内行花文鏡2面），奈良県小泉大塚古墳（内行花文鏡2面），同県メスリ山古墳（内行花文鏡2面）などが例示できる「複数の伝世鏡の副葬」の多さに注目する。

岡村論から察すれば，漢鏡5期が107年の倭国王朝貢時に流入する一群の銅鏡で，それらは「後漢前半期の斜角雷紋帯内行花紋鏡，方格規矩四神鏡，獣帯鏡，盤龍鏡」などで構成される。その分布の重心から史料にみえる倭国が畿内にあった可能性も説かれているが，私には一旦受容中枢となり得た畿内地域が漢鏡6期に至って急速に減退する現象が納得できない。また，同鏡種でありながら，完鏡は古墳時代へと長期間伝世し，破鏡の多くは弥生時代終末までに伝世を停止することの取り扱い上の違いを未だ論理的には説明しきれていないように思われる。無論，近畿への中国鏡流入の上限は氏の異体字銘帯鏡Ⅲ式であり（兵庫県森北町遺跡例＜モノクロ口絵＞，大阪府瓜破北遺跡例），岡村氏は北部九州と比べてさほど遅れることのない時期での到達を考えている。

これに対し，大量の舶載鏡を近畿の弥生時代に考えない立場の研究者も多い。私もその一人であるが[11]，寺沢氏は研磨をくり返し，懸垂など再利用した鏡片自体にそれを読みとり，庄内式期の新たな交通関係の増幅による舶載品全体の流入増加という画期を経て，はじめて墓への鏡副葬も達成し得たと解釈する[2]。古墳出土後漢鏡と三角縁神獣鏡の出土分布の整合性から，両者の配布行為を重ねて畿内からとみる高橋説[12]や畿内中枢への流入時期を三角縁神獣鏡の段階と同一とみなす森説[13]など，伝世鏡に対する否認・一部容認の度合は異なるものの，大局的な評価は同根であろう。

2　銅鏡受容の諸段階

（1）　受容主体不在の流通と前漢式鏡

弥生時代終末期には，近畿地方では諸集落の再編が著しく進行し，土器交流をはじめさまざまな物品の流通に異変が起きる。西暦220〜230年頃の畿内では，等質的な弥生母集落間交流のネットワークは崩壊しており，鉄・青銅の素材や舶載製品の受容門戸と集積地は政治的にも分離が進み，おそらく銅鏡についても受容主体が成立していたものと想像する。その機能を加速させたのが北部九

州の旧い政治勢力を介在しない大陸との直接交渉の開幕であった。中国・朝鮮ではいまのところ韓半島南岸部の2例を除いて破鏡は皆無とされ[14]，北部九州の王墓が大型の中国鏡と結合していった副葬原理は遅れて畿内にももたらされる余地がある。すなわち，対中国外交主導権が畿内某地で確立されるや，大型後漢鏡の吸引センターも誕生したわけであり，そこにこれまでの伝統と慣習に根をおく弥生葬祭のシステムはつぶされる必然性があったのである。

それ以前はどうか。銅鏡受容の主体となり得る卓抜した中心勢力は畿内に存在せず，直接大型の中国鏡がもたらされる契機は政治的にも流通経済の面からもすこぶる微弱であり，偶発的なものにすぎなかった。さて，朝鮮鏡の流入以降に注意すべき存在はわずかながら認められる前漢鏡（岡村漢鏡3期）であるが，近畿の2面に対し，福岡1県で100面以上に達しており，両地域の出土数にみられるバランスは大きくくずれている。森北町鏡・瓜破北鏡はともに一般集落出土である点と破鏡と化し，磨滅が進行している点で共通し，森北町鏡では研磨痕が看取されるなど，北部九州における前漢鏡の属性（多量副葬・完鏡副葬）から著しく逸脱する。むしろ後漢鏡片の取り扱い方に同化したものと解釈することができ，瓜破北鏡が遺棄されたV期（古）〜（中）段階という時期に一つの画期が見出せよう。

この時期が寺沢氏の強調する庄内式期に先立って重要なのは，和歌山県滝ケ峯遺跡の環濠内からV期初頭に廃棄された虺龍文鏡（モノクロ口絵）が出土している点で，岡村・漢鏡4期（紀元前1世紀後半〜後1世紀初頭）に製作された鏡であることから，伝世の期間をほとんどみず遺棄に至ったことが推定できよう。近畿の外にある岡山県鋳物師谷1号墳や石川県吉崎次場遺跡でも前漢末期に当る同式鏡が確認されているが，いずれも庄内式併行前後に下る副葬ないしは廃絶とみられ，近畿南部の滝ケ峯遺跡が高地性集落の機能をもっている点に招来の早さを意義づけておきたい。同様に，近畿西辺の高地性集落である兵庫県青谷遺跡から前漢日光鏡を模倣したとみられている重圏文日光鏡系小形仿製鏡第Ⅲ型b類[15]の最古例が見出されており，採集品ながらⅣ期〜V期初めに遡る公算が高い[16]。以上の諸例から，1世紀前半を前後する時期に前漢鏡そのものが近畿地方周辺に受容さ

れていた事態は十分考えられてよく，Ⅳ期末〜V期初頭の弥生土器にみられる瀬戸内地方との広域交流に乗じた現象と思われる。

（2）　後漢式鏡片・小形仿製鏡の役割と波及

前漢鏡の流通にやや古い要素を見出し得たが，近畿地方における銅鏡の本格的浸透は小形仿製鏡の九州からの波及を待たねばならない。高倉分類[17]第Ⅱ型a類は東方進出の著しい小形鏡で，北部九州生産とみてよい。後漢長宜子孫内行花文鏡の盛行期に併行し，内行花文を主文となす小形鏡の広範な普及には，単一背文志向への相互関係が想定されてよい。

小形仿製鏡は伝世要素が少なく，V期前半から庄内式期にかけて流通の足取りがみられる。墓よりも生活址から出土する傾向が強く，とくにV期段階は居住区と密着したあり方を示す。近畿弥生人が自らの手で銅鏡を作り始めるのはこの小形鏡からで，それも九州系のⅡaは生産しない。重圏系の面径・背文構成ともに個性が強い鏡であるため，特定場所での画一的作鏡は考え難いが，複数の系列にわたって近畿内部での推移がたどられ，さらに古墳時代に入ると，東国波及への母胎ともなる[18]。

大型形制の中国鏡が少なくとも北部九州には多量招来され，畿内でも僅少ながら前漢清白銘鏡片や重圏姚皎銘鏡片が流入しつつも，近畿の仿製鏡はまず小形鏡から創始され，かつさらに小型化を強く志向する事実については，寺沢氏が「巫が帯びるシンボルとしての小形鏡が目的とされたことが原因」と述べ，銅鐸圏弥生社会はまだ北部九州的な鏡重視の社会に到達していなかった点を強調している[19]。そして，北部九州での小形仿製鏡生産には鏡所有階層の重層化と中国鏡実大模倣に対する規制を想定した。突線鈕式銅鐸・広形銅矛など農業共同体祭器が何でも著しく巨大化の途を歩む風潮にさからう小形鏡盛行の要因を両地方別途に理由付けした点が評価されるが，高倉氏の第Ⅰ型鏡並びにⅡ型への推移鏡が大阪市加美鏡以外に大阪府松原市上田町遺跡[20]でも知られるようになった現在，近畿における朝鮮・九州系小形仿製鏡の受容順列の乱れと近畿系との位相関係が再考されねばならない。

列島中国鏡片は，内行花文鏡と方格規矩鏡の2鏡種によって60％を越え[21]，近畿圏16例の内訳は内行花文鏡8例，方格規矩鏡3例を数える。播磨

は北部九州からの伝流ルート上にあり，内行花文鏡が6例と多い。兵庫県大中鏡（モノクロ口絵）はⅤ期中頃〜後半でやや古い廃棄年代を占める雲雷文内行花文鏡片であるが，鏡片全体の所属時期は庄内式前後に集中する。近年出土した大阪府高槻市芥川遺跡の方格規矩鏡（モノクロ口絵）は六角形を呈したⅤ期の特異な竪穴住居跡に伴った[22]。小形仿製鏡同様，Ⅴ期の資料は生活址と深く関わるようである。

　破鏡は川西氏が分布の相違に基づき非近畿型と称した鏡種にほぼ限定され，斜縁神獣鏡・画文帯神獣鏡・三角縁神獣鏡・龍虎鏡など近畿型鏡種をほとんど含み込まない整然さが認められる[21]。私はその事実を重視し，近畿社会にとって破鏡は九州系外来物，完形後漢鏡は近畿型各鏡種と連動して直接近畿中枢で受容した銅鏡という理解を示し

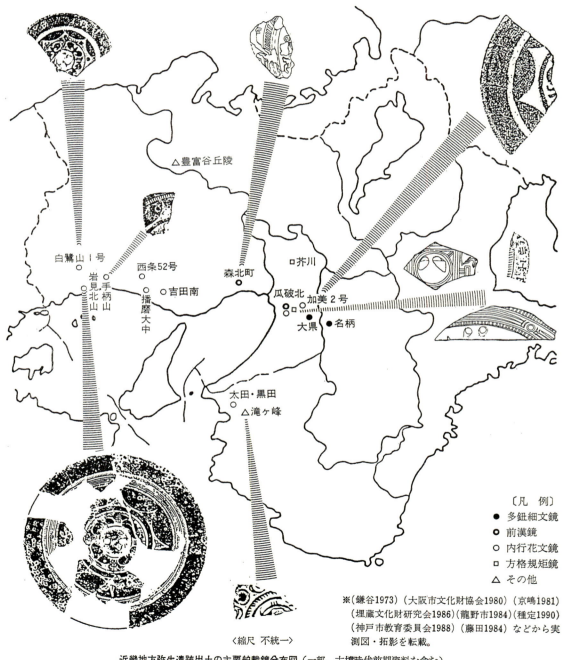

近畿地方弥生遺跡出土の主要舶載鏡分布図（一部，古墳時代前期資料を含む）

〔凡　例〕
● 多鈕細文鏡
◎ 前漢鏡
○ 内行花文鏡
□ 方格規矩鏡
△ その他

※（鎌谷1973）（大阪市文化財協会1980）（京嶋1981）（埋蔵文化財研究会1986）（龍野市1984）（種定1990）（神戸市教育委員会1988）（藤田1984）などから実測図・拓影を転載。

〈縮尺　不統一〉

た[23]。したがって，庄内式前後に分割された鏡の遺棄や副葬が偏るのは，その段階に完鏡大量受容の主体が成立し，破鏡の担った首長の身自体を直接飾るシンボリックな役割が終ったからであろう。

（3） 打割鏡の存在意義

卑弥呼治世晩年は近畿地方に後漢鏡を含むそれ以降の中国製完鏡が多数蓄積をみた時期である。その直前，実年代で言えば，西暦210〜220年代と推定されるが，瀬戸内から畿内周辺にかけての有力首長層にはいま一つの時期を画する中国鏡の単体個別流入の機会があったとしてよい。おそらくⅤ期末に遡ると推測されるが，いわゆる倭国動乱後の東方世界への完鏡解禁の動きの第一波に，波及ルート上の有力地域首長が独自に触手をのばした結果にほかならない。

近畿地方では，兵庫県揖保郡御津町岩見北山1号墓（雲雷文内行花文鏡），加古川市西条52号墓（雲雷文内行花文鏡），四国の徳島県萩原1号墓（画文帯同向式神獣鏡）などを典型例となすが，故意に割った打割鏡[11,23]の多見される点は着目されてよい。打割鏡は「破砕鏡」と凡称する人もいるが，佐賀県神崎郡二塚山遺跡29号石蓋土壙墓の波文縁獣帯鏡約10片，同76号甕棺墓の連弧文昭明鏡の約10片が最古例とされ，弥生後期中頃まで遡る[24]。小山田氏は破砕した鏡を再生と復活の観念，遺体保護の観念に辟邪および破邪の観念の付加などによって説明し，弥生終末期の西日本拡散，古墳時代前期初頭頃の衰退の背景に「鏡そのものの呪力から鏡背の図像に表現された思想を重視した取り扱いに変化した」と考えている[24]。時間の推移する過程で，西日本弥生人が鏡を打ち割ることに対して鏡種を厳選しているわけであり，破砕することのできない銅鏡との出会いも強い意識の下にあったということになろう。

古墳時代に入って，畿内政権中枢から鏡が配布される段階は当然あったと考えているが，少なくとも打割鏡の副葬がみられる段階の鏡の移動は，配布行為より流通に近い姿として私には映る。打割そのものには同時に破鏡の量産が関与するのであり，破鏡の集合体としての打割鏡といった観点も改めて必要と思われる。

分与を基盤とする鏡社会の階層構造も布留式期に至って遅れて近畿地方に受け入れられたものと考えられる。中国王朝との直接接触の契機を経て，鏡が初期畿内政権傘下の諸首長の政治関係を本格的に律し始めるのは，西暦260年代以降のこととみてよい。

　註
1) 宇野隆夫「朝鮮の鏡」『弥生文化の研究』6，1986
2) 寺沢　薫「弥生時代舶載製品の東方流入」『考古学と移住・移動』1985
3) 田中　琢『日本の美術』178—古鏡，1981
4) 甲元真之「燕の成立と東北アジア」『東北アジアの考古学』1990
5) 梅原末治『讃岐高松石清尾山石塚の研究』（京都帝国大学文学部考古学研究報告第12冊），1933
6) 小林行雄「古墳の発生の歴史的意義」史林，38—1，1955
7) 佐原　眞「大和川と淀川」『古代の日本』5 近畿，1970
8) 川西宏幸「銅鐸の埋蔵と鏡の伝世」考古学雑誌，61—2，1975
9) 森岡秀人「弥生時代暦年代論をめぐる近畿第Ⅴ様式の時間幅」信濃，37—4，1985
10) 岡村秀典「中国の鏡」『弥生文化の研究』6，1986
11) 森岡秀人「大阪市域遺跡出土鏡の伝来をめぐる問題の二，三」大阪の歴史，30，1990
12) 高橋　徹「弥生墳墓と副葬品」考古学ジャーナル，308，1989
13) 森　格也「後漢鏡をめぐる諸問題」『滋賀県埋蔵文化財センター紀要』1，1987
14) 武末純一「墓と鏡—国々の形成と展開—」『弥生古鏡を掘る—北九州の国々と文化』1991
15) 高倉洋彰「弥生時代小形仿製鏡について（承前）」考古学雑誌，70—3，1985
16) 森岡秀人「『王』状図文を有する近畿系弥生小形仿製鏡の変遷」『横田健一先生古稀記念文化史論叢』上，1987
17) 高倉洋彰「弥生時代小形仿製鏡について」考古学雑誌，58—3，1972
18) 森岡秀人「青銅器の国産化とその分布—銅鏡」季刊考古学，27，1989
19) 寺沢　薫「巫の鏡—『王』字小形仿製鏡の新例とその世界—」『考古学と生活文化』1992
20) 畑　美樹徳・西原雄大ほか『伝丹比柴籬宮跡・上田町遺跡発掘調査報告書』1991
21) 川西宏幸「古墳時代前史考—原畿内政権の提唱—」『古文化談叢』21，1989
22) 橋本久和「埋蔵文化財の調査—芥川遺跡」『平成2年度高槻市文化財年報』1992
23) 森岡秀人「古墳祭祀のはじまり」『新版古代の日本』5　近畿Ⅰ，1992
24) 小山田宏一「破砕鏡と鏡背重視の鏡」『弥生文化博物館研究報告』1，1992

東日本の初期銅鏡

県立伊志田高等学校講師

■ 林原利明
（はやしばら・としあき）

東日本の初期銅鏡には舶載鏡と仿製鏡が存在するが，後者が大半
を占め，集落跡関連の遺構から廃棄されたような状況で出土する

東日本の遺跡から銅鏡の出土をみるようになるのは，近畿以西の西日本各地よりも遅れて，弥生時代後期以降のことである。しかも，確実に弥生時代後期の遺構などにともなうものは少なく，いま知られるかぎりでは出土地域も限定されている。東日本で銅鏡の出土が多くなるのは，中国鏡や仿製鏡の大量副葬にみられるような古墳への副葬という風習がこの地にも定着する，つまり定型化した前方後円墳が出現してくる時期（具体的には布留式併行期）以降になってからである。

東日本の銅鏡の初現である弥生時代後期から出土が増加する布留式併行期，すなわち弥生社会から古墳社会への移行期には，例はそれほど多くないが銅鏡の出土をみるけれども，鏡式や出土状況は，近畿以西の地域あるいは次代の銅鏡の定着期とも異なった状況をしめすなど，独自な銅鏡のあり方が認められる。

小稿では，これら一群の銅鏡を，東日本の初期銅鏡としてとらえて整理をしたいと思う。時間的には主として庄内式併行期から布留式併行期の銅鏡を対象とし，空間的には東海・北陸以東の地域をその対象とする。

1 初期銅鏡の事例

東日本の初期銅鏡としては，一覧表（表1〜3）にしめしたように，大きく区分すれば，(1)舶載鏡，(2)小型（形）仿製鏡，(3)破鏡・鏡片，との三種が存在している。以下，一覧表を補足しながらそれぞれについてみてゆきたい。

(1) 舶載鏡（表1）

時期的に弥生時代にはいる可能性のあるものを対象とし，ここでは3例をあげておく。

岐阜県岐阜市瑞龍寺山山頂鏡（1；番号は以下すべて表に一致する）：「長宜子孫」銘内行花文鏡（径22.0 cm）。採集品のため出土状況などの詳細は不明であるが，その後の確認調査の結果，出土遺構は弥生時代後期の墳丘墓（方形または前方後方形）で，二つの主体部をもつことが判明している。共

伴の土器は山中式に属するものであり，東日本では，最も古い出土例である[1]。

岐阜県美濃市観音寺山古墳鏡（2）：「王氏」銘流雲文縁方格規矩四神鏡（径23.6 cm，口絵）。長良川を見下ろす山頂に所在する墳丘全長 22m を測る前方後方墳（あるいは墳丘墓）の主体部（組合せ式木棺）の頭部両サイドに破砕された状況で副葬されていた。共伴した遺物には，後述の小型仿製鏡（口絵），勾玉，水晶玉，ガラス玉があり，その質は盟主級の墓を彷彿させる。時期決定できるような土器を伴っていないために造営時期は判然としないが，立地・墳形などから東海地方でも古式の前方後方墳に位置づけられるものと考えているという[2]。

長野県松本市弘法山古墳鏡（3）：四獣文鏡（径11.65 cm）。四像式の半肉彫獣帯鏡である。全長63m を測る前方後方墳主体部（河原石構築の竪穴式石室）から完形鏡の状態で出土。従来，古墳の築造年代は，出土土器より4世紀中葉と考えられていたが，最近の研究では3世紀代に遡る可能性も指摘されている古墳である。

以上の3例が舶載鏡（完形鏡・破砕鏡）の出土例である。いずれも広義の後漢鏡であり，出土状況は埋納されたものである。わずか3例のみであるが，その分布範囲は岐阜・長野県という東日本でも近畿地方よりにかぎられている。

(2) 小型（形）仿製鏡（表2，図1）

確認できたものだけで20例あり，弥生時代後期に出土時期を考えることのできるものもあるが，大半は庄内式併行期から布留式併行期にはいるものである。

鏡式としては，弥生時代小形仿製鏡Ⅲ型[3]，重圏文鏡，珠文鏡，素文鏡などがある。

弥生時代小形仿製鏡Ⅲ型
[内行花文日光鏡系仿製鏡] 愛知県大口町清水鏡（五花文；2），石川県羽咋市吉崎・次場鏡（五花文；10）
[重圏文日光鏡系仿製鏡] 富山県上市町中小泉鏡

表 1 舶載鏡一覧

No.	遺 跡 名	所 在 地	鏡 式	面 径	出土遺構など	時 期
1	瑞龍寺山山頂遺跡	岐阜県岐阜市	「長宜子孫」銘内行花文鏡	22.1cm	採集品(土坑か?)	弥生後期
2	観音寺山古墳	岐阜県美濃市	流雲文縁方格規矩四神鏡	23.6cm	前方後方墳主体部	弥生終末～古墳初期
3	弘法山古墳	長野県松本市	四獣文鏡	11.65cm	前方後方墳主体部	弥生終末～古墳初頭

表 2 小型(形)仿製鏡一覧

No.	遺 跡 名	所 在 地	鏡 式	面 径	出土遺構など	時 期
1	観音寺山古墳	岐阜県美濃市	(小型仿製鏡)	9.5cm	前方後方墳主体部	弥生終末～古墳初頭
2	清水遺跡	愛知県丹羽郡大口町	内行花文鏡Ⅲb	7.4cm	包含層	弥生終末
3	朝日遺跡	愛知県西春日井郡清洲町	(小型仿製鏡)	7.0cm	包含層	弥生後期～古墳初頭
4	長崎遺跡	静岡県清水市	重圏文鏡	7.1cm	墳丘墓?周溝	古墳初頭
5	小深田遺跡第6地点	静岡県焼津市	重圏文鏡	3.9cm	竪穴住居跡	古墳初頭
6	小深田西遺跡	静岡県焼津市	重圏文鏡	6.55cm	方形墳主体部	古墳前期
7	田中A遺跡	石川県金沢市	重圏文鏡	6.8cm	包含層	古墳初頭
8	西念・南新保遺跡	石川県金沢市	重圏文鏡	6.45cm	河川跡	弥生終末
9	下安原遺跡	石川県金沢市	珠文鏡	9.8cm	溝	古墳前期
10	吉崎・次場遺跡	石川県羽咋市	内行花文鏡Ⅲa	6.0cm	包含層	弥生終末
11	上野遺跡	富山県射水郡小杉町	内行花文鏡	7.2cm	竪穴住居跡	弥生終末
12	中小泉遺跡	富山県中新川郡上市町	重圏文日光鏡Ⅲa	7.1cm	溝	弥生後期
13	梶山遺跡	神奈川県横浜市	重圏文鏡	5.6cm	包含層	弥生後期～古墳前期
14	宇津木向原遺跡	東京都八王子市	素文鏡	5.9cm	竪穴住居跡	弥生終末～古墳初頭
15	館町515遺跡	東京都八王子市	内行花文鏡	7.8cm	竪穴住居跡	古墳前期
16	草刈遺跡C区	千葉県市原市	珠文鏡?	6.5cm	竪穴住居跡	古墳前期
17	戸張一番割遺跡	千葉県柏市	重圏文鏡	6.4cm	竪穴住居跡	古墳前期
18	駒形遺跡	千葉県安房郡千倉町	重圏文鏡	6.1cm	土坑	古墳初頭
19	二又堀遺跡	千葉県袖ヶ浦市	重圏文鏡	7.3cm	竪穴住居跡	古墳前期
20	塚原遺跡	群馬県藤岡市	内行花文鏡Ⅲb	7.2cm	古墳	古墳後期

表 3 破鏡・鏡片一覧 　　　　　　　　　　　　　　　　　　　　*は穿孔あり

No.	遺 跡 名	所 在 地	鏡 式	復元径	出土遺構など	時 期
1	塚崎遺跡	石川県金沢市	(小型仿製鏡か?)	6.0cm	竪穴住居跡	弥生終末
2	古府クルビ遺跡	石川県金沢市	(小型仿製鏡か?)	9.0cm	包含層	古墳初頭
3	無量寺B遺跡	石川県金沢市	双頭龍鳳文鏡(舶載)	破片*	溝	弥生終末
4	吉崎・次場遺跡	石川県羽咋市	四蛇鏡(舶載)	破片	土坑	弥生後期
5	原遺跡	長野県佐久市	多鈕細文鏡	破片*	採集品	弥生後期?
6	池子遺跡群 No.2地点	神奈川県逗子市	内行花文鏡(舶載)?	9.4cm	竪穴住居跡	古墳前期
7	草刈遺跡C区	千葉県市原市	珠文鏡	6.8cm	竪穴住居跡	古墳前期
8	草刈遺跡D区	千葉県市原市	珠文鏡	破片	竪穴住居跡	古墳前期

(12),群馬県藤岡市塚原鏡(20)

　このうち塚原鏡は,群馬県藤岡市小林字塚原所在の古墳から出土しており,出土古墳の造営時期は新しいが,明らかに重圏文日光鏡系仿製鏡であるために対象とした。

　塚原鏡を除き,それぞれ溝跡・包含層などの集落跡関連からの出土であり,時期もおおかた弥生時代終末である。また,分布は東海西部・北陸地方のみである。

内行花文鏡

　直行櫛歯文帯をもつなど弥生時代小形仿製鏡とは趣きの異なる一群を一括する。

　富山県小杉町上野鏡(六花文;11),東京都八王子市館町鏡(四花文;15)

　館町鏡(径7.8cm)は古墳時代前期の竪穴住居跡床直から出土しており,平縁―直行櫛歯文帯―四乳素文帯―四花文帯―鈕という背文構成をもつ四花文帯の稀有な例である。全体としていびつでシャープさがなく,外区の櫛歯文帯も太く雑であり,部分的に斜行状にもみえることから比較的古相な印象をうける鏡である。

　このほか,従来,素文鏡と考えられていた八王子市宇津木向原鏡(14;径5.9～6.0cm,弥生時代終末から古墳時代初頭の竪穴住居跡出土)も七花文の内行花文鏡である可能性が指摘されている[4]。

　いずれも集落跡関連からの出土であり,関東地

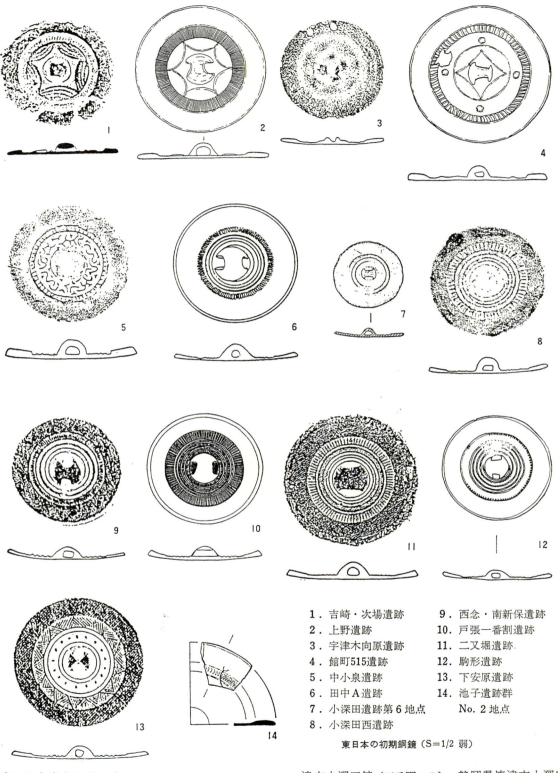

1．吉崎・次場遺跡
2．上野遺跡
3．宇津木向原遺跡
4．館町515遺跡
5．中小泉遺跡
6．田中A遺跡
7．小深田遺跡第6地点
8．小深田西遺跡
9．西念・南新保遺跡
10．戸張一番割遺跡
11．二又堀遺跡
12．駒形遺跡
13．下安原遺跡
14．池子遺跡群 No.2地点

東日本の初期銅鏡（S=1/2 弱）

方からも出土している。

重圏文鏡

　静岡県清水市長崎遺跡（四重圏；4），静岡県焼津市小深田鏡（三重圏；5），静岡県焼津市小深田西鏡（五重圏；6），石川県金沢市田中A遺跡（四重圏；7），石川県金沢市西念・南新保遺跡（四重

圏；8），神奈川県横浜市梶山遺跡（三重圏；13），千葉県柏市戸張一番割鏡（四重圏；17），千葉県千倉町駒形鏡（四重圏；18），千葉県袖ヶ浦市二又堀鏡（六重圏；19）

重圏文鏡は，外区に直行櫛歯文帯をもち，内区は円圏で飾られるという極めてシンプルな文様構成をもつ鏡式である。系譜は弥生時代小形仿製鏡につらなる可能性があり，弥生時代小形仿製鏡と古墳時代小型仿製鏡とのあいだをうめるような鏡式でもある[5]。また，その分布の中心が東日本にあり，東日本的な鏡式ともいえる。

長崎鏡と小深田西鏡は墳墓からの出土であるが，ほかはすべて集落跡関連からである。北陸・東海・関東地方で出土しており，金沢平野や東京湾岸など近接する地域で複数の出土例がある。

珠文鏡

石川県金沢市下安原鏡（9），千葉県市原市草刈遺跡鏡（16）

珠文鏡は，従来古墳に副葬される鏡として比較的新しくみられていたが，下安原鏡をはじめ，最近は草刈遺跡でも古墳時代前期の竪穴住居跡から3面（破片資料をふくむ）出土が報告されており，東日本の初期銅鏡の一鏡式として時期的に遡る可能性がある。

その他

岐阜県美濃市観音寺山古墳鏡（1；口絵）：前述の流雲文縁方格規矩四神鏡と同じ前方後方形墳墓主体部（組合せ式木棺）出土で，径9.5cm。背文構成は，平縁―斜行櫛歯文帯（2条・綾杉状を呈する）―直行櫛歯文帯（3条）―図文帯（四乳間に意味不明の文様）―結線された珠文帯―鈕であり，他に類例のないものである。土器が伴っていないために時期は判然としないが，仿製鏡としては古式の要素を有するなど興味深い資料である。

愛知県清洲町朝日遺跡鏡（3）：弥生時代後期から古墳時代初期の包含層から出土。背文は，平縁―櫛歯文帯―図文帯（乳および細線文）―鈕という文様構成をもつ仿製鏡である。

（3）破鏡・鏡片（表3）

破鏡とは，破面研磨など二次的使用の明らかな鏡片をいうが，ここでは本来の形態を保持していない鏡片も一括してとりあげる。舶載鏡と小型仿製鏡の2種類がある。

［仿製鏡］石川県金沢市塚崎鏡（1），石川県金沢市古府クルビ鏡（2），草刈遺跡（7・8；珠文鏡）

［舶載鏡］石川県金沢市無量寺B鏡（3；双頭龍鳳文鏡，後漢鏡），石川県羽咋市吉崎・次場鏡（4；四螭鏡，前漢鏡），長野県佐久市原鏡（5；多鈕細文鏡），神奈川県逗子市池子鏡（6；内行花文鏡，後漢鏡）

時期は弥生時代後期から古墳時代前期であるが，近畿地方以西とは異なり，すべて墳墓以外からの出土である。

2　特色の整理

最後に，東日本の初期銅鏡の特色を簡単に整理しておく。

・初期銅鏡として舶載鏡，小型（形）仿製鏡，破鏡・鏡片が混在している。

・最古例は弥生時代後期であるが，例数が増すのは庄内式併行期から布留式併行期である。

・舶載鏡は，完形鏡は広義の後漢鏡であるが，破鏡では前漢鏡や多鈕細文鏡もある。

・小型（形）仿製鏡では，弥生時代小形仿製鏡と直行櫛歯文，鋸歯文，珠文などより新しい要素をもった鏡が混在しており，量的には後者が多い。また，後者は副葬風習の定着とともに古墳にも副葬されるようになる。

・舶載鏡を除くと，大半は集落関連遺跡からの出土であり，その出土状況は，廃棄をおもわせるように非常に無造作である。

註
1）楢崎彰一・山田友治「岐阜県瑞龍寺山山頂出土の古鏡」考古学雑誌，53―1，1967

荻野繁春「瑞龍寺山山頂遺跡」岐阜市埋蔵文化財発掘調査報告書，1985

赤塚次郎「瑞龍寺山山頂墳と山中様式」弥生文化博物館研究報告，1，1992

2）調査を担当された高木宏和氏より古墳についてご教示を受け，美濃市教育委員会のご厚意により2面の鏡を実見することができた。

3）高倉洋彰「弥生時代小形仿製鏡について（承前）」考古学雑誌，70―3，1985

4）小川貴司「宇津木向原の青銅鏡」八王子市郷土資料館だより，17，1982

5）重圏文鏡のなかには，円圏上に珠文状のものが認められる例があり，珠文鏡につらなる可能性があるのではないかと考えている。

林原利明「弥生時代終末～古墳時代前期の小形仿製鏡について―小形重圏文仿製鏡の様相―」東国史論，5，1990

紙幅の都合によって数多くの参考文献を省略せざるをえなかったが，その幾つかは註5）文献に収録しているので参照いただきたい。

古墳と鏡

奈良県立橿原考古学研究所
今 尾 文 昭
（いまお・ふみあき）

弥生から古墳へ神仙思想は，道教的信仰として再構成され
各地域の諸王に普偏化する。それは鏡の扱いにも反映する

1　はじめに—平原墓の鏡—

古墳における鏡の扱いを考えるにあたり，まず最初に平原墓をとりあげたい。なぜなら，平原墓には課題を考える上で意味深い特徴が顕著にあらわれていて，引きつづき古墳にみられる現象と古墳時代になって新たに顕在化する現象との双方を比較する上で，最適と考えるからである[1]。

福岡県糸島半島中央に所在の平原墓[2]は，一辺の途切れた方形周溝墓とみられる平面形を呈し，長辺 18 m，短辺 14 m の規模をもつ。中央に割竹形木棺の埋葬施設が残り，もともと低平な墳丘をもっていたらしい。このあまり大きくない墓から出土した39面以上の銅鏡は，4面の仿製鏡の他は後漢の舶載鏡で占められると報告された。仿製鏡4面は面径 46.5 cm の内行花文鏡で，古墳出土鏡最大の山口・柳井茶臼山古墳の鼉龍鏡の面径 44.5 cm をしのぐ。平原墓出土鏡をみると，質量ともまさに「魏志倭人伝」の伊都国の面目極まる感がある。

銅鏡はすべて破砕した状態で，ほとんどは墓壙内棺外の四隅で出土したが，尚方作銘方格規矩鏡（22号鏡）の一部の破片だけは棺内副葬の玉類に接して出土した[3]。また銅鏡の細片のうちには，研磨部分のある破鏡も含まれているようだ（尚方作銘方格規矩鏡—2号鏡，大型内行花文鏡—11号鏡の一部）。すなわち平原墓にみる銅鏡の扱い上の特徴は次のようになろう。1）銅鏡の多量副葬，2）舶載鏡とされる鏡群[4]と大型仿製鏡の共伴，3）棺内副葬と棺外副葬の区別，4）破砕状態の副葬，5）破鏡の存在，6）棺周囲への副葬

1）は言うまでもなく倭人の「好物」としての鏡を示す[5]。多量副葬は北部九州の弥生王墓以来，前期大形古墳にもみられる。2）は大型仿製鏡の製作開始時期と製作地を考える上で重要である。3）の棺内，棺外にわたる副葬行為は，古墳に顕著な現象である。これらについては別稿でふれたこともあるので，本稿ではとくに 4）以下の特徴

について関連する事例を紹介し，弥生時代から古墳時代への変革のなか，副葬における鏡の扱いの変化を考えてみたい。

2　破砕鏡

破片の状態で副葬された銅鏡には，穿孔したものや破断面を研磨したものがよくみられる。孔は懸垂する際の紐などを通すためにあけられたと考えられている。破鏡とよばれるこれらの鏡片は北部九州の弥生後期の墓に多くみられるが，弥生後期末から古墳前期初頭にかけては分布範囲の広がりをみせる[6]。また当該期には副葬に際して破砕行為を示す事例がある。鏡片副葬も含めて破砕鏡の副葬例を二，三紹介しよう。

京都・園部黒田古墳は全長 52 m の前方後円墳で，後円部中央の第1主体部から破砕鏡が出土した[7]。鏡種は双頭龍文鏡（位至三公鏡）で後漢中期後半の製作とされる舶載鏡である。面径 12.2 cm の小型鏡が 5 片以上の細片となっていたが，棺材の遺存も良く副葬品の配列位置は明瞭で，3片は棺内の胴部付近に，2片は棺外に副葬されていた（図1）。

棺内と棺外に同種の副葬品を区別して副葬する行為は，通常，前期の大形前方後円墳の出現とともにあらわれる現象であるが，庄内Ⅱ式から布留Ⅰ式併行期の黒田古墳では，1面の銅鏡を破砕することで，棺内と棺外に及ぶ副葬品配列が遂行されたわけである。同じような事例は，先の平原墓出土鏡にも認められるし，岡山・鋳物師谷1号墳出土鏡にも指摘できる[8]。鋳物師谷1号墳の場合は，竪穴式石室からの出土で舶載鼉龍文鏡を2片に分けて棺内と棺外に副葬していた。

黒田古墳と鋳物師谷1号墳出土鏡は，棺内外に分かれた鏡片を接合するとほぼ完全な形になる。つまり，もともと完形鏡の状態で被葬者の手元に所有されていた鏡を副葬に際して破砕したとみることもでき（ケース1），また副葬までの間ほぼ1個体分の鏡片をまとまった状態で所有していたと

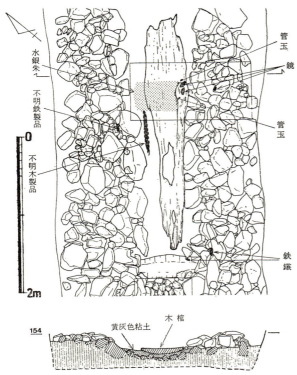
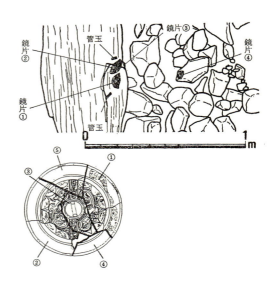
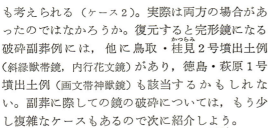

図1 園部黒田古墳破砕鏡配列状況

も考えられる（ケース2）。実際は両方の場合があったのではなかろうか。復元すると完形鏡になる破砕副葬例には，他に鳥取・桂見2号墳出土例（斜縁獣帯鏡，内行花文鏡）があり，徳島・萩原1号墳出土例（画文帯神獣鏡）も該当するかもしれない。副葬に際しての鏡の破砕については，もう少し複雑なケースもあるので次に紹介しよう。

景初四年銘の斜縁龍虎鏡が出土した広峯15号墳にほど近い京都・寺ノ段2号墳では2面の破鏡が出土した[9]。布留Ⅰ式併行期とみられる一辺15mの方墳で，第3主体部から内行花文鏡片，第4主体部から方格規矩鏡片がそれぞれ棺内で出土した。このうち方格規矩鏡片は2片に割れていたが，接合すると1/2大の破片になる。注目すべきは破断面の状態で，もともとの破断面は研磨されている一方で，接合可能な部分の破断面は鋭利な割れ口をみせる。報告では鈕を利用し懸垂使用した後，副葬に際して人為的に破砕したのではないかと推定する。使用が一定期間に及んだことは鏡背文様に磨耗の痕跡がみられるとの観察所見からも察せられる。磨耗は意図的な研磨によってもたらされたと考えるが，それは次項に改めてふれる。

同様の例は，広島・石鎚山2号墳第1主体部棺内出土の4片に破砕された舶載内行花文鏡片にも指摘できる[10]。この鏡片は接合すると1/2大になり，やはりもともとの破断面は研磨されていた。また2カ所の穿孔や鏡面のはげしい磨耗も観察され，鏡片での使用期間を推察できる。寺ノ段例・石鎚山例は破鏡の形で使用された後，再破砕をうけて副葬されたわけである（ケース3）。

破砕鏡の副葬については，どの時点で破砕が生じたかによって以上の3つのケースが考えられるが，ケースを違えながらも大形前方後円墳の出現前後まで破砕鏡の副葬例は各地域に指摘できる。前期古墳の出土鏡は完形鏡での出土が一般的であるから，今あげた鏡片副葬や副葬の際の破砕行為は，次代には継承されなかったことになり，この相違を政治史的側面から意義づけることも可能かもしれない。ところが次に述べる破鏡副葬例は，この間の鏡の扱いや所有事情について，それほど単純には解決できないことを示している。

従来，注意されたことはなかったが，じつは古墳前期前半の有力な前方後円墳である奈良・桜井茶臼山古墳の出土鏡に破鏡が含まれているのである。桜井茶臼山古墳からは19面以上の銅鏡が出土したが，すべて破片となっていて破砕行為を想定した方がよいとさえ思える位である。破片には8片の大型仿製内行花文鏡片が含まれている[11]。そ

31

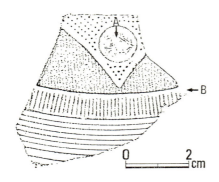

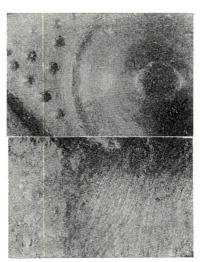

図 2　桜井茶臼山古墳大型仿製内行花文鏡片
図 3 (上)　乳 (A) 部分の状態
図 4 (下)　破断面 (B) の状態
　　　　　（破損のままの面と研磨した面）

図 5　擦痕のある内行花文鏡（京都府長法寺南原古墳，面径 13.3 cm，東京国立博物館蔵）

のうちの 1 片は乳・連弧文と櫛歯文帯・重弧文帯がある部分の破片で（図 2），この破断面のすべての面に研磨がみられる。同じ方法で研磨したと思えるが，研磨は乳の部分にも観察できる。ただし 2 カ所に研磨後に生じたと思われる割れが確認できる。研磨箇所とこの割れの箇所の錆化の様子にとくに相違はない（図 3・4）[12]。

この破片は少なくとも四葉座部分の 2 片の破片と同一個体と思うが，完形鏡として副葬された後になんらかの事態で破片になって出土したのではなく，もとから破鏡の状態で副葬されたと考えられる。そうすると桜井茶臼山古墳の被葬者の手元には幾つかの鏡片となった大型仿製内行花文鏡が所有されていたことになり，問題は多方面にわたるがこれについては別稿を用意することとして次項にすすもう。

3　擦痕のある鏡

先ほどの園部黒田古墳の双頭龍文鏡には人為的に施された擦痕・搔痕がみられる。鏡面・鏡背の両面に円弧を描くようにつけられ，とくに連弧文の上には顕著に観察でき，さらに縁部外斜面の一部にも及ぶ。そして破断面の状況から破砕以前につけられたものと報告された。

同様の痕跡は広島・壬生西谷遺跡 SK 33 出土の舶載内行花文鏡にもある[13]。完形鏡の状態で棺内に副葬され，鈕のまわりの四葉座に擦痕が観察できる。別の埋葬施設からは弥生後期後半の土器が出土しており，SK 33 も同時期に属すと思われる。

古墳からも擦痕をもつ銅鏡の出土がある。前期後半の京都・長法寺南原古墳の出土鏡 6 面のうち舶載内行花文鏡 1 面には，四葉座を中心に円を描くような擦痕が観察できる（図 5）[14]。連弧文の上や縁部外斜面にも部分的に及ぶようである。報告では擦痕は製作時の表面調整で，「手ずれ」による磨耗や光沢はこの擦痕の上に観察できるとされる。

平原墓出土鏡にも擦痕のある鏡が含まれるようだ。図版からの観察ではあるが，擦痕は尚方作銘方格規矩鏡（1 号鏡）はじめ少なくとも数面（22・32・33 号鏡など）以上にのぼり，仿製鏡の可能性が高い大宜子孫銘内行花文鏡（14 号鏡）にもみられる。いずれも四葉座に顕著である。なお付け加えると，この擦痕とは異なるが面径 46.5 cm の 3 面の大型仿製内行花文鏡（10～12 号鏡）の縁部外斜面には刻みのあることが報告されている。

なぜ，これらの鏡に擦痕が観察できるのであろうか。鋳造後の調整時の一工程が擦痕として観察できるとの見解もある。また日本列島出土鏡に限られるわけでもない。ただ銅鏡の出土数量からみて擦痕の見い出せる銅鏡が極めて少ないことは注意されてよい。また擦痕が鈕の周囲の四葉座などにとくによく施されることや，縁部外斜面につけられる場合もあるから，やはりこれは人為的な特別の意識によるものと考えられよう。黒田古墳の報告では「伝世」の間のなんらかの儀礼行為にも

とづくものとする。製作時の仕上げの研磨とは別に，鏡の両面に対して厚みがなくなる位，文様が磨滅する程によく研磨された鏡がある。ときに「手ずれ」とも表現されるが，程度の差こそあれ，鏡面・鏡背に対しての意識的な研磨は，破鏡にはしばしば指摘できる。擦痕のある鏡は，この研磨が中断された状態を示すのではないかとさえ思えるが，今は事例紹介にとどめ後考にゆだねたい。

4 立てる鏡・囲む鏡

平原墓では棺の周囲に多量の銅鏡が出土したが，同様の配列は近在の前期後半から末頃の前方後円墳，一貴山銚子塚古墳にもみることができる。多量の鏡で被葬者を囲む形の配列は，古墳にも継承された行為といえる。ただし平原墓では，すべて破砕していたわけだから，次に述べる多数の完形鏡を木棺や竪穴式石室の壁体に立てかけて配列する前期古墳における状況とは，意識の変化があったものと思われる。古墳の事例を幾つかあげた上で，この点について説明する。

京都・椿井大塚山古墳は36面以上の銅鏡が出土した古墳として著名である[15]。大半は盗掘による出土品だが，後の発掘調査では残余の副葬品の出土状況が明らかにされ，三角縁神獣鏡と方格規矩鏡との2面が竪穴式石室の壁体に鏡面を外向きに立てかけた状態で検出された。採掘者からの聴書で棺内副葬と判断された大型の長宜子孫銘内行花文鏡を除くと，他の銅鏡も棺外四周の石室壁体に鏡面を外向きに立てて配列されていたという。

京都・長法寺南原古墳の出土鏡も石室中央に採掘の三角縁神獣鏡（2号鏡）が鏡背を上向きにして出土したと伝えられるが，それ以外の銅鏡は，石室壁体に立てかけられた状態で出土した[16]。しかも鏡面は外に向けていたと報告された。

椿井大塚山古墳は承知のように前期初頭の大形前方後円墳で，そこには古墳祭式の一つの典型がみられると理解されるし，地域と時期・墳形を違える長法寺南原古墳にも銅鏡の副葬状況に共通性が指摘できるから，ある程度，確立された画一性のある扱いが，銅鏡副葬の配列行為のなかで執られたものと考えてよいだろう。

一方，棺内に対しても多数の銅鏡が配列される場合は，被葬者を囲むようにならべられることが多い。典型的な例として前期初頭の兵庫・権現山51号墳をあげておこう[17]。ここでは5面の三角縁神獣鏡が被葬者の肩から頭部を囲む形で出土した（図6）。本来は，鏡面を被葬者側に向けて立てならべられていたものと報告された。

銅鏡を立てる副葬は，北部九州の弥生後期の墓にも若干例を見い出せるが，古墳に確立した配列方法といえそうである。棺内においては鏡面に被葬者を照写するように，棺外では鏡面を外向きに配列するといった一定の確立した区別が存在した可能性がある。そして多数の銅鏡が副葬される場合は，被葬者を囲む形に配列される。棺外に外向きに立てられた銅鏡は，従来から説かれるところの破邪の意味があると考え，一方，棺内に立てられ被葬者を写す銅鏡は，別稿に述べたように道教的信仰の実践が古墳に顕在化したものと考える[18]。

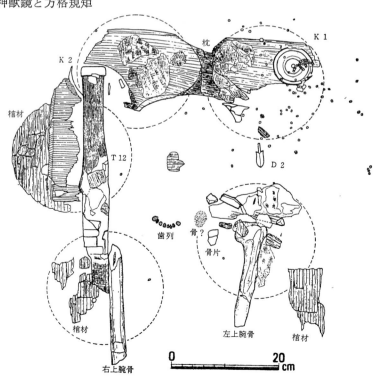

図6 権現山51号墳被葬者の頭部の配列状況（註17を一部改変）

5 まとめ―今後の課題―

弥生時代から古墳時代に移行するなか,副葬行為において鏡の扱いにどのような変化があるのかを考えてきた。棺外周囲への配列行為や,棺内・棺外にわたる配列行為は,古墳とともに出現する現象とみられたが,それ以前の段階にも認められる。これは古墳前期の大形前方後円墳に確立したと言い換えることができるかもしれないが,弥生後期の墓やいわゆる発生期古墳からの継続性の可否をまずは検討する必要があろう。

次に破鏡が桜井茶臼山古墳出土鏡に含まれていることは,破鏡の古墳時代への継続について改めて議論の余地があることを示す。もちろん古墳出土鏡の大勢は完形鏡での出土であるから,桜井茶臼山古墳の大型仿製内行花文鏡の破鏡も変革時期の所産として,とりあえず理解するのが穏当であろう。つまり古墳時代の大型仿製鏡製作時期と破鏡行為の継続した時期に,多少の重複が認められるということである[19]。

最後に,鏡を立てて囲む状態で副葬する行為は,これも古墳に確立したと理解したいが,中国江南の人,葛洪の『抱朴子』に記された鏡を用いて神仙の力を得る道教上の行為に一脈通じるものと考える。私は古墳発生以前の弥生社会に基層としてあった神仙思想が,古墳時代を迎えるにあたり道教的信仰として再構成され,各地域の諸王に普遍化,共有され,それが前期古墳の銅鏡の副葬上の取り扱いに反映したものととらえている[20]。

本稿をなすについては森浩一・久野雄一郎・伊達宗泰・高橋徹・小山田宏一・勝部明生・久野邦雄・寺澤薫・千賀久・今津節生・竹田敬子・玉城一枝の諸氏にご配慮・ご教示いただいた。ここに記して感謝したい。

註

1) 平原墓の編年上の位置について註 2)文献のなかで渡辺正気は出土土器をもとに「弥生後期初葉以前というよりは,やはり弥生終末期よりよほど古い弥生後期のうち」としたうえで,副葬鏡群の年代観を重視すべきと述べる。本稿では報告書にみる弥生後期後半を上限とし,弥生後期終末から古墳前期初頭を中心とする時期に位置づけておきたい。

2) 原田大六ほか『平原弥生古墳』1991

3) 本稿では平原墓出土鏡の破砕状態の評価も他の諸例と同じく故意の破砕として取り扱ったが,註 2)文献では不慮の事態によるとみる。

4) 高橋徹は方格規矩鏡について仿製鏡の可能性を指摘する(『菅生台地と周辺の遺跡ⅩⅥ』1992)。今後,検討を要する提起と考える。

5) 少なくとも九州の弥生社会においては,鏡副葬のある程度の普遍化が認められ,多量副葬の事例もある。その意味であえて記せば,鏡を「好物」とするのは 3世紀前半の邪馬台国の女王卑弥呼の独占ではない。後段ふれる破鏡の副葬をも関連づけると,鏡副葬は果断なく継承され,弥生後期終末には普遍化は西日本各地に及んでいるわけである。

6) 寺澤 薫「弥生時代舶載製品の東方流入」『考古学と移住・移動』同志社大学考古学シリーズⅡ,1985
高倉洋彰「割られた鏡」MUSEUM KYUSHU,21,1986

7) 森下 衛ほか『船坂・黒田工業団地予定地内遺跡群発掘調査概報』1991

8) 春成秀爾ほか「備中清音村鋳物師谷 1号墳墓調査報告」古代吉備,6,1969

9) 崎山正人『駅南地区発掘調査報告書』1989

10) 高倉浩一『石鎚山古墳群』1981

11) 森浩一は 3面の大型仿製内行花文鏡の存在を指摘する(「奈良県桜井市外山茶臼山古墳の鏡」古代学研究,71,1974)。

12) 破断面の研磨は高橋徹・玉城一枝氏の指摘を追確認した。図2・3の顕微鏡写真は今津節生氏による。

13) 藤田広幸『壬生西谷遺跡』1989

14) 梅原末治「乙訓村長法寺南原古墳の調査」『京都府史跡名勝天然記念物調査報告』17,1937
都出比呂志ほか『長法寺南原古墳の研究』1992

15) 梅原末治『椿井大塚山古墳』1964

16) 註 14)に同じ

17) 近藤義郎ほか『権現山15号墳』1991

18) 今尾文昭「鏡―副葬品の配列から―」季刊考古学,28,1989,今尾文昭「配列の意味」『古墳時代の研究』8,1991

19) 老司古墳の三角縁神獣鏡の破鏡(高倉洋彰「銅鏡」『老司古墳』1989)は特異なケースではあるが,その流布した時期にも破砕行為・破鏡の使用が継続していたと解釈できる。改めて検討したい。

20) とりわけ三角縁神獣鏡には神仙思想が体現化されているといわれる(広瀬和雄・小山田宏一ほか『激動の 3世紀』大阪府弥生文化博物館図録5,1992)。じつに三角縁神獣鏡の出現は鏡の取り扱い上の変革期に相応し,逆にいえば変革のために製作された鏡と位置づけることもできる。ただ註 18)文献で指摘したように古墳における取り扱いは,舶載の方格規矩鏡や内行花文鏡がより重視されていたらしい。その入手から副葬までの経過はともかくとして,私は道教的信仰にもとづく変革はとりあえず鏡総体に及ぶものと考える。

博局 (方格規矩) 鳥文鏡の系譜

宇土市教育委員会
髙木恭二
（たかき・きょうじ）

3世紀末から4世紀初頭に日本にもたらされた博局鳥文鏡は大き
く3種にわけられるが，倭鏡，中国鏡の区別は判断がむずかしい

博局文（方格規矩四神）鏡は，中国大陸や朝鮮半島，そして日本列島から数多く発見されているが，その鏡背面に表出された文様には数多くの変化が見られる。その文様は，すでに中国前漢中期の蟠螭紋鏡や草葉紋鏡に萌芽があって，前漢代には完成をみている。文様のモデルは中国古代に盛行したゲームの一つである博局盤の図柄にあることが，近年になって明らかになってきた[1]。その図像は，中央の方格が地を，周囲の円が天を表わし，その間に東西南北を象徴する四神が立ち，まさに天円地方・神仙思想に基づく文様である。

ところが，時代の変遷に伴って次第にその文様の基本形にも変化が表われ，十二支銘のなくなるものが増え，内区外側の銘文は短文化の傾向を示す。さらに，後漢の後半代から三国期になると四神表現そのものにも変化が表われ，次第に朱雀の数が多くなって，ついには鳥文だけになってしまう。しかも，L字形は外側からみて左に折れるものも出現し，文様そのものの本来的な意味はほとんど失われてしまう。四神のうちでは，最も普遍性を帯び朱雀から変化した鳥像だけが後々まで残ったものであろう。

1 博局鳥文鏡の分類

博局鳥文鏡は管見では110面あり，その形態は多種に及ぶ。内区規矩文による分類では基本的に，TLV字が完存する博局（方格規矩）鳥文鏡，T字だけになった博局（方格）T字鳥文鏡，TLV字が完全になくなった博局方格（方格）鳥文鏡の3種があり，さらには外区文様帯・内区鳥文・面径などにもいくつかのパターンがあって，次のように細分できる（表1）。

これらの分類をもとに，それぞれの要素を次の3種24の鏡群に包括させる（表2）。

2 博局鳥文鏡の系譜

以上の分類は中国・朝鮮・日本（伝世鏡も含む）のものすべてがいずれかの鏡群に属することにな

表1　分類表

外区文様帯	A類（鋸歯文—波文—鋸歯文） B類（鋸歯文—鋸歯文） C類（複波文—鋸歯文，複波文のみ，鋸歯文のみ） D類（菜文・流雲文・菱雲文・唐草文）
内区鳥文形態	a類（鳩状鳥文） b類（渦状翼鳥文）
内区鳥文表現	1類（嘴・目・尾羽・足を持ち翼を広げ飛翔） 2類（嘴・目・尾羽・足を持つが静止し雛状をなす） 3類（嘴・翼があり胴部の上半部のみを表現） 4類（細部の表現をすべて省略し2・3本の線で鳥像を表現）
面　　径	S類（直径 9.9 cm 以下） M類（直径 10.0〜11.9 cm） L類（直径 12.0〜13.9 cm） K類（直径 14.0 cm 以上）

り，この鏡群ごとの文様要素の系譜を辿ればそれぞれが関連性をもって変化していることがわかる（図1）。例えば類例が最も多い鏡群23の内区主文様となっている弧状表現はこの一群の鏡を実見しただけでは，それが何を表現しているかを知ることは難しいが，ここで見るような系譜を辿ることで，それが鳥文のくずれたものであることが理解できる（図2）。

博局鳥文鏡の系譜にはいくつかの懸隔・消長もあるが，わが国で発見されているこの種の鏡は，基本的には2種の系譜に集約できる。一つは，明確に中国鏡と判断できる鏡群1〜15およびその流れを受け継ぐ鏡群16・19〜23。これらは内外区の文様の変化が漸移的で，内区規矩文による分類の3種すべてが中国から出土しており，どの段階の鏡群をもって中国鏡と倭鏡の線引きをするか難しいが，旧稿では鏡群16・19〜23を倭鏡として取り扱った（A群）[2]。

もう一つは田中分類[3]による方格規矩四神鏡（博局文）系倭鏡として，獣文鏡から分化していった鏡群17・18・24の一群である。TO式として分類された鳥像（本稿のb類渦状翼鳥文）を持つ鏡群であり，これらは明らかにわが国で製作されたとみてよい（B群）。

35

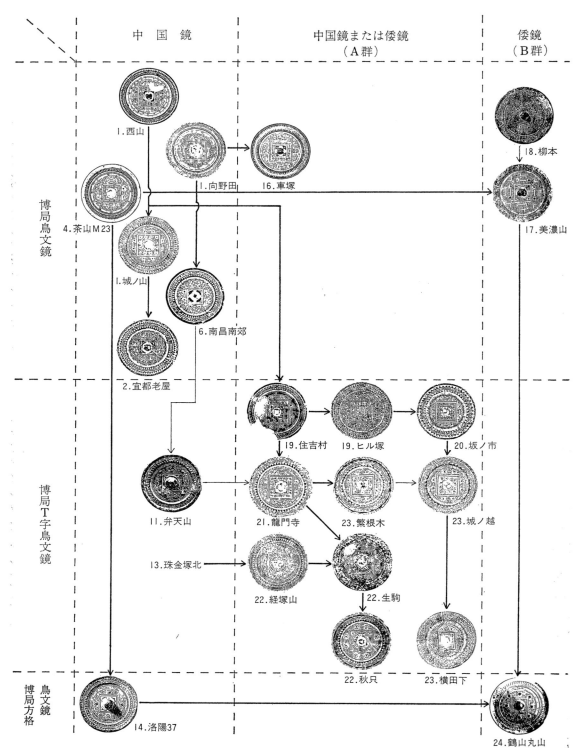

図1 博局鳥文鏡の系譜（頭数字は鏡群を表わす）
（考古，考古学報，小山市史研究，大分考古，肥後考古，古鏡の研究，鐸剣鏡，末盧國，岐阜市史，愛知の古鏡，筑紫大和吉備の遺宝，鄂城漢三國六朝銅鏡，向野田古墳，城ノ山池田古墳，弁天山古墳群の調査，経塚山古墳，ヒル塚古墳発掘調査概報より）

表 2　　　鏡群分類表

鏡式	鏡群	外区	内区鳥文	面径	中国・朝鮮・日本出土, 伝世例
博局鳥文鏡	鏡群1	A	a1	K L	中国湖北西山, 日本向野田・馬ノ山4・城ノ山, 尚方・吾造・川柳将軍塚
	鏡群2	A	a2	K L M	中国三道壕, 朝鮮石厳里・楽浪, 出土地不明 中国広東公州5011・公州4026・河南河王1・江西南郊1・湖南資興129・広西貴県・貴県, 日本津古生掛, 嵩雲居蔵52 中国江西南郊1・湖北宜都・安徽定遠谷, 厳窟蔵45
	鏡群3	B	a1・2	K・L	日本長垂, 出土地不明
	鏡群4	B	a2	K L	中国湖南茶山拗M23, 潘氏鏡, 朝鮮皇南大塚 中国資興282, 朝鮮梧野里, 静岡将来品・厳窟蔵24
	鏡群5	C	a1	K	中国江西南昌高栄墓, 厳窟蔵45
	鏡群6	C	a2	M	中国江西南郊2・洛陽西郊9014・広州5013, 朝鮮梧野里
	鏡群7	C	a1	M	中国湖北襄樊
	鏡群8	D	a1	M	嵩雲居蔵41
	鏡群9	D	a2	K	厳窟蔵38陝西省
	鏡群16	A	a3	K	日本宝塚・車塚
	鏡群17	B	b1	K	日本茨城大塚・甑塚・美濃山・鞍塚・重枝・沖ノ島17
	鏡群18	B	b1	K	日本築山・柳本・向日市
博局T字鳥文鏡	鏡群10	C	a1	M	中国湖南資興523・広東広州5010
	鏡群11	C	a1	M	朝鮮楽浪, 日本弁天山B2
	鏡群12	C	a2	S	朝鮮楽浪（崇實大）
	鏡群13	C	a3	K	日本珠金塚北墳
	鏡群19	A	a3	K	日本住吉村横穴・ヒル塚
	鏡群20	A	a4	K	日本坂ノ市・伊和中山1
	鏡群21	A	a3	K	日本龍門寺
	鏡群22	A	a3	K	日本十三塚・秋只・高根森・経塚山, 生駒・飯塚市
	鏡群23	C	a4	M	日本野添・小野山・奥才14・重光・繁根木・猫塚
				S	桑57・富士見塚・加茂・鍋塚山・大野・金蔵山・天満神社4・城ノ越・沖ノ島16・老司3・東真方C1・萩浦立石1・久米若宮・陣内・岐阜県
				M・S	新貝・高根森・横田下・兵家5・高下
博局鳥方文鏡	鏡群14	B	a2	L・M	中国河南洛陽37・広東広州5004・湖南資興523
	鏡群15	D	a2	M・S	吾朱泉鏡・嵩雲居蔵59
	鏡群24	B	b1	K	日本備前丸山

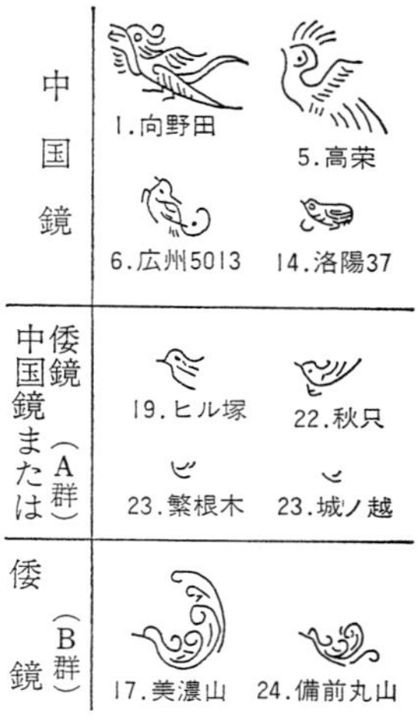

中国鏡　1.向野田　5.高栄　6.広州5013　14.洛陽37
中倭鏡または（A群）　19.ヒル塚　22.秋只　23.繁根木　23.城ノ越
倭鏡（B群）　17.美濃山　24.備前丸山

図 2　鳥像の変化
（頭数字は鏡群を表わす）

3　おわりに

　王莽の新代に盛行した博局文鏡は, 後漢の終りから三国期の頃に大きく変化するようになり, その多くは博局鳥文鏡として姿を変えていった。残念ながら紀年銘のあるものが知られていないために製作年代を知ることはできないが, 恐らく三国から晋代の頃まで続いたものと考えられる。それらの一部が日本列島にもたらされ, 3世紀末から4世紀後半に属する遺跡や古墳から出土する。B群は, 4世紀中葉ないし後半の頃に中国鏡を手本としてまず作られた博局獣文鏡に続いて作り始められた仿製品であり, その系譜は4世紀末の岡山・鶴山丸山古墳鏡まで辿ることができた。これに対してA群は, 中国発見のものから連綿と文様系譜が繋がるもので, 中国鏡, 倭鏡の境界は明確ではない。しかし, 外区文様として表現された大きめの複線波文帯をもつ博局T字鳥文鏡はこれま

で中国において発見されていないし, それと対比するかのようにわが国からはかなりの数が発見されており, 倭鏡とする意見は多い。筆者もそのように判断せざるを得ないと考えてきたが, その文様構成は, 倭鏡の系譜としては極めて異例に属するものであり, 他の倭鏡の文様要素との受容, 交流は全くといっていいほど窺えない。このA群が中国鏡か倭鏡であるかの判断を保留しておきたい。

※本稿では, 数多くの参考文献を省略せざるを得なかった。それらの多くは註2)文献に収録しているので参照されたい。

註
1)　西田守夫「方格規矩鏡の図紋の系譜」MUSEUM, 427, 1986
2)　髙木恭二「博局鳥文鏡の系譜」『交流の考古学』肥後考古第8号三島格会長古稀記念号, 1991
3)　田中　琢「方格規矩四神鏡系倭鏡分類試論」『奈良国立文化財研究所創立30周年記念論文集　文化財論叢』同朋舎, 1983

特集●鏡の語る古代史

中国鏡の年代と性格

中国からの鏡はいつ日本に伝来し、それはどういう性格をもっていただろうか。中国鏡について最新の成果をもとに検討しよう

雲雷文帯連弧文鏡考／福岡県平原遺跡出土鏡の検討／飛禽鏡の性格／三角縁神獣鏡研究の現状／倭の五王の鏡

雲雷文帯連弧文鏡考
――漢中期の鏡――

奈良国立文化財研究所
立木 修
（たちき・おさむ）

雲雷文帯連弧文鏡は紀元前後に製作がはじまり、日本へは中国での製作年代とは隔たって伝来した可能性が高い

漢中期の鏡のなかでも日本における出土面数の多いものとして、方格規矩鏡とここであつかう雲雷文帯連弧文鏡[1]との二つの鏡式をあげることができる。方格規矩鏡と雲雷文帯連弧文鏡とは、中国での製作年代と年代的に近い弥生時代の遺跡から出土するとともに、製作時から大きく隔たった前期古墳の副葬品のなかにもしばしば見出されることは周知の事実である。

雲雷文帯連弧文鏡の分類に関する研究はすでに行なわれており[2]、ここでは今まであまりふれられることのなかった、雲雷文帯連弧文鏡の年代観を中心に検討してみたい。

1 雲雷文帯連弧文鏡の分類

雲雷文帯連弧文鏡について最近では、高橋徹が詳細な分類を行なっており、その分類と変遷観とは認めるべきものである[3]。ただ、高橋の分類では「雲雷文」帯をもつ鏡だけをとりあつかっており、雲雷文帯の省略された凹帯だけの鏡はあつかわれていない。

高橋による雲雷文帯連弧文鏡の型式編年は、

Ⅰ式：幅広い平縁、緻密な斜行櫛歯文で、大きな（ ）に囲まれた渦文は巻きが強く、雲雷文も線が多く丁寧である。内行花文（註、本稿での連弧文、以下同じ）間の、葉状文も、その一方に半弧状のものをつけている。四葉座文も偏平になっておらず、突出度の強いものである。

Ⅱ式：Ⅰ式に比べて外区文様の渦文巻き数が減少し、雲雷文が弧状の短線でまとめられるようになる。葉状文の、①の字様文も巻きが弱くなって、葉状文の片方にあった弧線も消失する。

Ⅲ式：永平七年銘鏡に代表されるもので、斜行櫛歯文にはさまれた外区文様帯の渦文は（ ）に囲まれた円または同心円になる。雲雷文は前段階の特徴をまだ保持している。葉文状の文様はすっかり退化しており、葉脈状の線も消えている。さらに退化して円文になっている例もある。四葉文座の葉文は横長の偏平なものに変化している。

Ⅳ式：櫛歯文の密度が粗くなり、殆んど垂直気味に施される。外区文様帯の雲雷文は単純な平行線となり、（ ）で囲まれた円文はⅢ式以来のままである。内行花文間の葉状文は完全に消失し、円文になる。雲雷文の退化した平行線の数が4本、3本、2本とに減少したり、結節となっていた渦文の退化形態である（ ）で囲まれた円文が、単純な短線のものや、消失したものなどがあり、さらに細分は可能であろう。

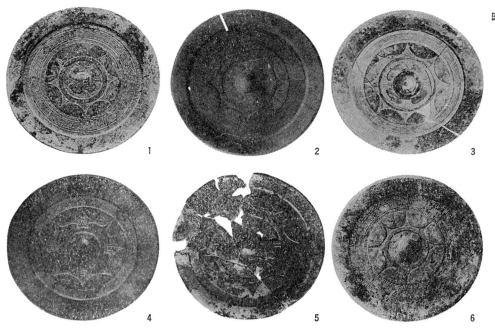

図 1 雲雷文帯連弧文鏡の変遷
1：Ⅱ式鏡（平壌市石巌里194号墳）
2：Ⅲ式鏡（平壌市石巌里9号墳）
3：Ⅳ式鏡（大同江面乙墳）
4：Ⅴ式鏡（平安南道南玉里2号墳）
5：Ⅵ式鏡（平壌市石巌里255号墳）
6：Ⅶ式鏡（静岡県堂山古墳）

というものである。

Ⅳ式鏡に次いで，高橋がふれなかった凹帯式のものなどがあらわれると考えられるが，その分類を示すと次のようになろう。

Ⅴ式（図1—4）　雲雷文帯が省略され，無文の凹帯をもち，鈕座が四葉座のもの。

Ⅵ式（図1—5）　雲雷文帯が省略され，無文の凹帯をもち，鈕座が蝙蝠座のもの。

Ⅶ式（図1—6）　雲雷文帯が省略され，本来，雲雷文の渦文・同心円文がある位置に，中心に点をもつ円文だけをもつもの。鈕座は四葉座と蝙蝠座の両方がある。

このうちⅤ式の四葉座のものの初現については多少の問題も残るが，四葉座間の銘文の書体からみてもⅣ式以降のものととらえたい。

また，鈕座に四葉座・蝙蝠座をもたない円座の小型鏡も認められるが，それらも雲雷文帯の変遷のそれぞれの段階に位置づけられよう。

以上のように，雲雷文帯連弧文鏡を7型式に分類したが，これらの年代的変遷について文様要素の変化からみるならば，Ⅶ式をのぞいて，Ⅰ式（巻頭口絵5）→Ⅱ式（図1—1）→Ⅲ式（図1—2）→Ⅳ式（図1—3）→Ⅴ式→Ⅵ式という序列を考えるのがすなおであろう。

ここでのぞいたⅦ式は，斜行櫛歯文など古い要素をもつ。しかし，Ⅶ式の鏡は連弧文の円弧が円をなさないものも認められ，製作された実年代は他の型式のものとは隔たった擬古作の可能性をもつと考えられるので，上記の序列とは別のものと考えておくほうがよいであろう。

なお，高橋は，Ⅰ～Ⅳ式鏡の年代について，永平七年（AD 67）鏡[4]（巻頭口絵6）をⅢ式ととらえることによってⅢ式鏡を1世紀中頃と理解して，Ⅰ・Ⅱ式鏡を1世紀の前半代に位置づけ，Ⅳ式は洛陽焼溝漢墓の第Ⅴ期に対応することから1世紀後半から2世紀中頃に比定している。

2　雲雷文帯連弧文鏡の製作年代

雲雷文帯連弧文鏡の製作年代については，高橋によって上記のような年代観が示されているものの，まだ煮つめる余地が残っているように思われる。そこで以下に，雲雷文帯連弧文鏡の具体的な製作年代について，少し考えてみたい。

鏡の製作年代を考える際に，紀年銘をもつものが重要な手がかりであることはいうまでもない。しかしながら，雲雷文帯連弧文鏡のなかで紀年銘を有するものは，先述の永平七年（AD 67）銘をもつ鏡1面が唯一知られるだけである。また，雲雷文帯連弧文鏡の祖型と考えられる前漢式鏡の銘帯連弧文鏡においても，紀年銘を有するものとしては伝平壌市石巌里出土鏡（巻頭口絵3参照）に居摂元年（AD 6）銘がみられるだけである[5]。このように連弧文鏡一般としては，銘帯鏡・雲雷文帯鏡

39

ともどもに，紀年銘をもたないのが通例である。しかも，居摂元年鏡は，銘文・連弧文間の文様とともに，銘帯連弧文鏡にあまり例をみないものである。いっぽうの永平七年鏡も「長宜子孫」ではなく，「宜（or 直）三百鏡」という異例な銘文を四葉座間に記し，雲雷文帯の8単位のうちの相対する2単位を「永平七年正月作」「公孫家作鏡」の銘文におきかえるという他に類をみない鏡である。

次いで，雲雷文帯連弧文鏡と紀年銘を有する遺物との伴出関係は表示したとおりであるが，それらの紀年銘の大半は漆器・銅器に記されたものであって，漆器・銅器の製作年代を示すものであり，墓の年代については埋葬の上限が決まるだけである。その紀年が直接，雲雷文帯連弧文鏡の年代を決定しうるものでないことは，鏡と漆器・銅器のそれぞれに一般的な意味での伝世の可能性があり，自明のことであろう。とくに顕著な例ではあろうが，平壌市石巌里194号墳では，100年近くの年代差をもつ紀年銘器物が共伴している。要す

るに，これらの漆器・銅器の紀年銘からいえることは，漠然と雲雷文帯連弧文鏡のⅠ～Ⅲ式鏡が1世紀のある年代を示すということだけである。

しかし，いっぽうの墓碑の紀年と土器・磚に記された紀年銘とは，埋葬に直接かかわる器物への銘であるため，墓の被葬者の死亡時や埋葬の時点を確実に示しており，鏡の製作年代を考える上でもいっそう参考となろう。鏡の伝世を考慮しなければならないので年代的には若干の幅をもつものの，伴出のある型式の雲雷文帯連弧文鏡の成立時点は，墓碑や土器・磚に記された紀年の年代を下限として，それより以前の時期にとらえることが可能となる。しかし，表にあきらかなように共伴関係からみて，それを積極的に考えられるものはⅥ式鏡だけである。

したがって，雲雷文帯連弧文鏡の上限を考えるには，祖型と考えられる銘帯連弧文鏡を中心に，鈕座に四葉座をもつ鏡の検討が必要となろう。福岡県前原市三雲遺跡[6]・同飯塚市立岩遺跡[7]

表　雲雷文帯連弧文鏡と紀年銘の伴出例

	遺　　跡	型　式	伴出紀年	品　目
1	平壌市石巌里9号墳	Ⅰ・Ⅲ式鏡	居摂3年（AD 8）	漆器
2	平壌市石巌里194号墳	Ⅱ式鏡	始元2年（BC 85）	漆器
			陽朔2年（BC 23）	〃
			永始元年（BC 16）	〃
			綏和元年（BC 8）	〃
			元始3年（AD 3）	〃
			始建国5年（AD 13）	〃
3	平壌市船橋里	Ⅱ式鏡	元光3年（BC 41）	銅器
4	平壌市王肝墓	Ⅲ・Ⅳ式鏡	建武21年（AD 45）	漆器
			建武28年（AD 52）	〃
			永平12年（AD 69）	〃
5	平壌市貞柏里200号墳	Ⅲ式鏡	建武30年（AD 54）	漆器
			永平11年（AD 68）	〃
6	平壌市貞梧洞4号墳	Ⅳ式鏡	永平14年（AD 71）	漆器
7	陝西省戸県朱家堡漢墓	Ⅳ式鏡	陽嘉2年（AD 133）	土器
8	河北省武清東漢鮮于璜墓	Ⅴ式鏡	延光4年（AD 125）	（死亡）
			延熹8年（AD 165）	（建碑）
9	陝西省長安県三里村東漢墓	Ⅵ式鏡	永元16年（AD 104）	土器
10	河南省襄城県茨溝漢画像石墓	Ⅵ式鏡	永建7年（AD 132）	磚
11	河南省洛陽焼溝漢墓147墓	Ⅵ式鏡	初平元年（AD 190）	土器
12	河南省洛陽中州路813墓	Ⅵ式鏡	初平2年（AD 191）	土器
13	平壌市貞梧洞6号墳	不明	建武5年（AD 29）	漆器
			建武7年（AD 31）	〃
			建武18年（AD 42）	〃

表註
1　朝鮮総督府『楽浪郡時代の遺蹟』図版上，1925，同本文，1927
2　楽浪漢墓刊行会『楽浪漢墓』第一冊，1974
3　朝鮮総督府『楽浪郡時代の遺蹟』本文，1927
4　東京帝国大学文学部『楽浪』1930

5　梅原末治・藤田亮策『朝鮮古文化綜鑑』第3巻，1959
　　梅原末治『支那漢代紀年銘漆器図説』1943
6　社会科学院考古学研究所『考古学資料集』第6集，1983
7　禚振西「陝西戸県的両座漢墓」考古与文物，創刊号，1980「陽嘉二年八月／己巳朔六日甲戌徐／天帝使者謹為／曹伯魯之家移／央去各遠之千里／各□大桃不得留／□至之鬼所徐／□□生人得九死人／得五生死異路相／去萬里従今以長／保孫子寿如金／石終无凶何以為信／神葬厭墳封黄／神地章之印如律／令　（呪符）」
8　註11）文献
9　註12）文献　「永元十六年十二月庚戌……死者死者壹去……不反□皇……」（前・後室）。「建和元年十一月丁未朔十四日解天帝使者謹為加氏之別解地下后死婦加亡方年二十四等汝名借或同歳月重復鈎拇按日死告 或同日鳴重復按日死上可命下可禄子孫所属告藍皇使者転相告語故以自代鉛人鉛人池池能舂能炊上車能御把筆能書告于中高長伯上游徹千秋萬歳永无相墜殃与生人食□九人□□□□」（墓道耳室）
10　註13）文献　「永建七年正月十四日造埼　工張伯和／厂石工褚置」
11　註14）文献　「初平元年／□□□□／□□□□／死者河南／□□□郭／□□□汝／□薄葬死不／□西天地久相視／汝当下棺／棺笥五穀萬／石勿□□□□／中□□来相／求□令託丹書／西□□男生人／前□□卿略生／人入成死人生郭／生人在宅舎死人／在□□各□千秋／萬歳長□□□／律令」
12　註15）文献　「□（初）平二年三月／□□朔二日丙／……／□□草□□□／□防巳□□□／□□所誅害／□重行告丘／丞墓伯移置／他郷為人立／□□□立当／便□家中及／□転其央／□付與道行人／如律令」
13　表註6）文献

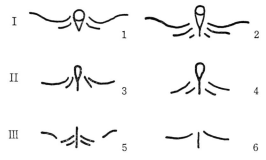

図2 四葉座間の文様
1：細線式獣帯鏡（久保惣記念美術館），2：細線式獣帯鏡（京都大学），3：銘帯連弧文鏡（陳家村1号墓），4：銘帯連弧文鏡（巻頭口絵1），5：細線式獣帯鏡（寧楽美術館），6：銘帯連弧文鏡（居摂元年鏡・巻頭口絵3）

（巻頭口絵4参照）出土の「精白鏡」を代表例とする銘帯連弧文鏡は，高橋の指摘のとおり，連弧文間の文様がⅠ式鏡とおおよそ一致していて，銘帯を雲雷文帯に，鈕座の「九曜座」を四葉座におきかえれば，Ⅰ式鏡となりうるものである。ただし，連弧文間の文様は，銘帯鏡と雲雷文帯鏡のものでは描法が異なり，雲雷文帯鏡のものが線的なものであるのにたいして，銘帯鏡では立体的な表現となる。また，雲雷文自体は，形態が若干異なるものの，前漢式鏡の重圏銘帯鏡の一部に，すでに認められる。

数多い銘帯連弧文鏡のなかでも，寧楽美術館蔵鏡[8]・故宮博物院蔵鏡[9]・平壌市石巖里212号墳出土鏡[10]の「銅華鏡」は，四葉座を有し，なおかつ連弧文間の文様も雲雷文帯連弧文鏡のそれと一致するものである（巻頭口絵1・2参照）。この3鏡は，四葉座間が，文様と銘文の違いはあるものの，連弧文間の文様の類似からみれば，ほぼ同時期の製作と考えられる。さらに，故宮博物院蔵鏡・石巖里212号墳出土鏡では，四葉座間にⅠ式鏡と一致する書体の「長宜子孫」銘を有している。この2鏡は，外区を別にすれば，銘帯を雲雷文帯におき

かえると，そのままⅠ式鏡になるものであり，上記の「精白鏡」よりもさらに，雲雷文帯連弧文鏡と近縁関係にあるものと指摘できる。

四葉座をもつ鏡は，銘帯連弧文鏡・細線式獣帯鏡・螭龍文鏡・方格規矩鏡など数形式あるが，鏡式を別にして注目すべき点は，四葉座間の文様である。この文様は図2に示したごとく多様であるが，その祖型が何であるかは問わないにしても，鏡の外側からみて鳥が翼を広げた正面観のごとき文様は，Ⅰ→Ⅱ→Ⅲという変遷をたどることは明白であろう。そうであれば，居摂元年鏡は，四葉座間の文様が「小」字形にまで単純化されていることから，その変遷のなかでも最終段階に位置づけることができよう。また，上記の3鏡からみれば，四葉座間の文様が長宜子孫銘におきかわるものは，Ⅱのような段階にはあらわれると考えられる。このことは，上記3鏡とⅠ式鏡の連弧文間の文様が一致することなどからみても，蓋然性のかなり高いことであろう。

以上のように考えてよければ，雲雷文帯連弧文鏡の成立年代は，居摂元年（AD6）を若干さかのぼる，つまり紀元を前後する時期にもとめることができるであろう。

いっぽう，連弧文鏡の最終的な形態を示すⅤ・Ⅵ式鏡の時期については表に示したように，Ⅴ式鏡は，河北省武清県鮮于璜墓（図3−1）で延光4年（AD125）を記す墓碑と共伴している[11]。また，Ⅵ式鏡についてみると，陝西省長安県三里村東漢墓（図3−2）において永元16年（AD104）を記す土器[12]，河南省襄城県茨溝漢画象石墓（図3−3）では永建7年（AD132）を記す碑[13]，河南省洛陽焼溝漢墓147墓では初平元年（AD190）を記す土器[14]，河南省洛陽中州路813墓では初平2年（AD191）を記す土器が[15]，それぞれ伴っており，これらの伴出紀年銘からみれば，副葬時期は2世

図3 紀年銘と伴出のⅤ・Ⅵ式鏡
1：鮮于璜墓
2：三里村東漢墓
3：茨溝画象石墓

紀はほぼいっぱいにまたがっている。しかしながら，製作年代を考える上では，これらのなかでも，より古い年代を示す紀年銘との伴出例を採用するのが妥当であろう。

つまり，V式鏡は，鮮于璜墓の墓碑からみれば，125年前後以前に成立していたことになる。

茨溝漢画象石墓では，Ⅵ式鏡は後室から出土し，永建7年（AD 132）銘碑はすぐ前の中室の壁面に記される。しかし，この墓は盗掘もはなはだしく，正しく共伴すると認めるには若干躊躇するところもある。

これにたいして，三里村東漢墓は2個体の紀年銘土器により2回の埋葬が知られるが，Ⅵ式鏡と永元16年（AD 104）を記す土器とは前・後室出土品での共伴である。いっぽう，墓道耳室では建和元年（AD 147）を記す土器が出土している。したがって，三里村東漢墓の前・後室での共伴を重視すれば，Ⅵ式鏡の成立年代は2世紀初頭以前におさえられるであろう。たとえ，前・後室出土鏡が墓道耳室の埋葬の際の混入としても，2世紀中頃以前とまではとらえることができるであろう。

このようにとらえるならば，雲雷文帯連弧文鏡は，紀元前後に出現して，遅くとも2世紀中頃まで製作されたものと推定できる。下限についてさらにいえば，早ければ1世紀末，もしくは2世紀初頭と考えることもできるであろう。下限については今までの編年観よりかなり上げており，奇異を抱く向きもあろうかと思われるが，Ⅲ式鏡である永平七年鏡は，雲雷文の同心円もまばらでⅢ式鏡のなかでも新しい傾向を示しており，Ⅳ式鏡直前の形態をもっている鏡ととらえることができる。このようにとらえれば，上記の年代観もさほど無理のないものと考えるのである。

3　日本への雲雷文帯連弧文鏡の伝来

北九州の弥生時代墳墓の副葬品である鏡の変遷をみると，九州での編年の中期後半に「精白鏡」を代表とする銘帯連弧文鏡→後期前半に方格規矩鏡→後期後半に雲雷文帯連弧文鏡となり，雲雷文帯連弧文鏡と，その祖型である銘帯連弧文鏡とは年代的にはスムーズにつながらずに，銘帯連弧文鏡の次の段階には方格規矩鏡がとってかわって出土する情況が認められ，その後に雲雷文帯連弧文鏡が副葬されるようになるようである[16]。

このような北九州での鏡の出土情況は，『洛陽焼溝漢墓』の墳墓の編年において[17]，Ⅲ期前半に銘帯連弧文鏡があらわれ，Ⅲ期後半になると方格規矩鏡が出現しⅣ期にひきつづき副葬され，Ⅴ期にいたって雲雷文帯連弧文鏡があらわれるという編年をみごとなまでに踏襲しているように，現象的にはとらえられる。しかし，あらためて洛陽焼溝漢墓をみなおしてみると，ここでの副葬鏡の方格規矩鏡から雲雷文帯連弧文鏡への変化は，他の伴出品の検討からも確認できることではあるが，雲雷文帯連弧文鏡自体の分類・編年がほとんどなされていないことに問題が残ろう。洛陽焼溝漢墓で出土している雲雷文帯連弧文鏡を，ここで述べた編年でみなおしてみると，Ⅰ～Ⅲ式鏡の出土がみられずに，Ⅳ式鏡が最も古い型式の鏡であることが確認できる。この点を考慮していえば，洛陽焼溝漢墓で，上記のようなスムーズな副葬鏡の変遷が認められたのは，おそらくⅠ～Ⅲ式鏡が欠落しているためにみられた特異的な現象と考えることもできるであろう。それ故に，ここでの副葬鏡の編年は，焼溝漢墓という1墓域内での編年としては有効性をもつにしても，それを一般化・普遍化するには，若干無理があるといわざるをえない。すなわち，先に述べたようにⅠ式鏡の成立は紀元前後と考えられるのであって，洛陽焼溝漢墓編年のⅢ期後半には，すでに雲雷文帯連弧文鏡もⅠ式鏡の出現をみていたとすべきである。

さらに加えていえば，楽浪でもこれら2鏡式の伴出が認められている事実からみても[18]，方格規矩鏡の製作の年代は，雲雷文帯連弧文鏡とかなりの部分で併行していたと考えざるをえない。

このように，中国である期間併行して製作されたと考えられる方格規矩鏡と雲雷文帯連弧文鏡とではあるが，日本においては，中国とほぼ同じ年代では方格規矩鏡だけが佐賀県桜馬場遺跡の後期前半の甕棺墓[19]から出土している。江戸時代に多数の方格規矩鏡が出土した福岡県井原鑓溝遺跡[20]もほぼ同時期の可能性が高いようである。

これにたいして，雲雷文帯連弧文鏡は，福岡県飯氏馬場遺跡の後期中頃の甕棺墓出土鏡をのぞくと[21]，後期後半以降の石棺墓・土壙墓・住居址から出土しており，つまり今までに知られる情報からいえば，方格規矩鏡と雲雷文帯連弧文鏡とは伝来の時期に差があったととらえざるをえないのである。

4 おわりに

　以上，雲雷文帯連弧文鏡の年代観を述べ，日本でのあり方を若干検討してきた。その結果として，雲雷文帯連弧文鏡は紀元前後に製作がはじまり，1世紀末もしくは2世紀初頭，遅ければ2世紀中頃まで製作されたものであり，日本へは中国での製作年代とは隔たって伝来した可能性が高いようにも思われる。しかし，飯氏馬場遺跡出土鏡の評価次第では，この結論は異なることになろう。この鏡が日本に伝来した雲雷文帯連弧文鏡の最古のものであるとすれば，やはり上に述べた帰結となるが，墳墓としてこれよりさかのぼる例が知られれば，方格規矩鏡同様に，中国での製作時期とほぼ併行する時期に伝来したことになるからである。この二つの解釈は，所謂「伝世鏡」を評価する際に決定的な違いとなろうが，このことについて判断するためには今後の調査の進展にまちたい。

　また，雲雷文帯連弧文鏡は，朝鮮半島北部の楽浪郡の地域では，中国での生産時期とほぼ併行する時期に多量に出土している。しかし，南部の韓の地域では，この時期の確実な中国鏡の出土例は金海良洞里遺跡[22]での方格規矩鏡しか知られておらず，雲雷文帯連弧文鏡の出土はまだなく，北九州での出土情況と似た現象を示しているようにも思われる。したがって今後は，韓の地域での鏡の出土情況というものも視野に入れて検討がなされるべきであろう。

註
1)　雲雷文帯連弧文鏡とは従来の「長宜子孫」を代表とした銘文をもつ，所謂内行花文鏡のことである。西田守夫(「中国古鏡をめぐる名称」MUSEOLOGY，8，1989)の指摘に従い連弧文鏡とする。雲雷文帯をつけるのは「精白鏡」を代表とする前漢式鏡の，所謂内行花文鏡と系譜的につながるものと考えられるため，それを一括して連弧文鏡としてとらえるためである。前者を雲雷文帯連弧文鏡，後者を銘帯連弧文鏡と呼称する。
2)　梅原末治「北朝鮮発見の古鏡」『鑑鏡の研究』1925　後藤守一『漢式鏡』1926，樋口隆康『古鏡』1979
3)　高橋徹「伝世鏡と副葬鏡」九州考古学，60，1986
4)　梅原末治『漢三国六朝紀年鏡図説』1943，pl. 1-1
5)　註 4) 文献，pl. 3
6)　柳田康雄編『三雲遺跡―南小路地区編―』1985
7)　立岩遺蹟調査委員会編『立岩遺蹟』1977，pl. 92
8)　梅原末治『桃陰廬和漢古鑑図録』1925，pl. 10
9)　高仁俊・麦志誠『故宮銅鏡選萃』1971，pl. 11

10)　東洋学術協会『梅原考古資料目録朝鮮之部』1966，133，岡村秀典「前漢鏡の編年と様式」史林，67―5，1984，図20-6。ただ朝鮮古蹟研究会『古蹟調査概報―楽浪古墳昭和九年度―』1935，P. 24では212号墳から鏡1面の出土を記すが，梅原末治・藤田亮策『朝鮮古文化綜鑑』第3巻，1959，P. 5・pl. 55-140では同墳で日光鏡の出土を記し，混乱が認められる。
11)　天津市文物管理処考古隊「武清東漢鮮于璜墓」考古学報，1982―3
12)　陝西省文物管理委員会「長安県三里村東漢墓葬発掘簡報」文物参考資料，1958―7
13)　河南省文化局文物工作隊「河南襄城茨溝漢画象石墓」考古学報，1964―1
14)　中国科学院考古研究所『洛陽焼溝漢墓』1959
15)　中国科学院考古研究所『洛陽中州路（西工段）』1959
16)　高倉洋彰「弥生時代の鏡とその年代」考古学ジャーナル，185，1981
17)　註14)に同じ
18)　楽浪では石巌里194号墳（楽浪漢墓刊行会『楽浪漢墓』第1冊，1974)・石巌里6号墳（朝鮮総督府『楽浪郡時代の遺蹟』図版上，1925・本文，1927)・船橋里（『楽浪郡時代の遺蹟』本文，1927)で伴出している。
19)　杉原荘介・原口正三「桜馬場遺跡」『日本農耕文化の生成』1961
20)　梅原末治「筑前国井原発見鏡片の復原」史林，16―3，1931
21)　宮井善朗「飯氏遺跡群の調査」日本考古学協会1990年度大会発表資料集　大会テーマ『東アジアと九州』1990
22)　朴敬源「金海地方出土の青銅遺物」考古美術，106・107，1970，岡内三眞「金海良洞里出土遺物について」史林，56―3，1973

挿図出典
図1―1　註18) 文献，pl. 14
　1―2　『楽浪郡時代の遺蹟』図版上，pl. 290
　1―3　『朝鮮古蹟図譜』第1冊，pl. 22-67
　1―4　『考古資料集』第2集，pl. 42
　1―5　『梅原考古資料目録　朝鮮之部』4414，東洋文庫提供
　1―6　『静岡縣史』第1巻，1930，図版92
図2―1　『桃華盦古鏡図録』pl. 22
　2―2　樋口『古鏡』挿図74
　2―3　「江蘇句容陳家村西晋南朝墓」考古，1966―3
　2―4　『桃陰廬和漢古鑑図録』上巻，pl. 10
　2―5　『桃陰廬和漢古鑑図録』上巻，pl. 17
　2―6　『漢三国六朝紀年鏡図説』pl. 1-1
図3―1　註11) 文献，図版19-5
　3―2　註12) 文献，図17
　3―3　註13) 文献，図10-6

巻頭口絵出典
1　『桃陰廬和漢古鑑図録』上巻，pl. 10
2　『故宮銅鏡選萃』pl. 11
3　『漢三国六朝紀年鏡図説』pl. 1-1
4　『立岩遺蹟』pl. 92
5　『楽浪郡時代の遺蹟』図版上，pl. 291
6　『漢三国六朝紀年鏡図説』pl. 3

福岡県平原遺跡出土鏡の検討

九州大学助教授
■ 岡村秀典
（おかむら・ひでのり）

平原遺跡は同型鏡を含む1世紀中ごろの中国製方格規矩四神鏡
や超大型の仿製内行花紋鏡などが出土した伊都国の王墓である

1965年，福岡県前原市平原（ひらばる）で農作業中に多数の鏡が発見された。知らせを受けた原田大六氏によって急ぎ発掘調査がおこなわれ，後漢代の方格規矩四神鏡（ほうかくき くししんきょう）や大型の仿製内行花紋鏡（ないこうかもんきょう）などを含む墳墓であることが確かめられた。近くには多数の前漢鏡を出土した三雲南小路甕棺墓（みくもみなみしょうじ）や井原鑓溝甕棺墓（いわらやりみぞ）があり，中国の史書に記される伊都国の所在地でもあることから，平原墳墓は古墳の発生，ひいては国家形成の議論に重要な位置を占めるものとして大いに注目を集めることになったのである。惜しいことに原田大六氏は業なかばに他界されたが，その遺志は平原弥生古墳調査報告書編集委員会に受け継がれ，1991年秋，大部の報告書『平原弥生古墳　大日孁貴の墓』として結実した[1]。

〈報告〉の刊行から1年あまり経過したが，その鏡群にかんする専論はまだない。鏡そのものの詳細は〈報告〉にゆだね，小稿では私の前漢鏡[2]と後漢鏡[3]の編年をもとに若干の卑見を陳べてみたい。

1 中国鏡の年代

平原遺跡出土の中国鏡のなかで主体を占めるのは方格規矩四神鏡である。そのなかで39号鏡は〈前漢鏡〉分類のⅢ式に属する前漢鏡である。そのほかの31面について単位紋様を整理すると表1のようになる。

外区には，流雲紋＋鋸歯紋からなるもの（雲1），鋸歯紋＋複線波紋＋鋸歯紋からなるもの（鋸a1）がある。主紋には，四神と瑞獣とからなる8像に小像や渦紋を加えたもの（a），四神と瑞獣とからなる8像のもの（b），鳥が3体以上になったり，玄武の亀と蛇が分離するなど，四神と瑞獣との組合せが動揺したもの（c）がある。鈕座の四葉紋には〈後漢鏡〉で分析した中国出土鏡には希少なものがあるため，これに限って図1のように分類

を改めた。すなわち，扁平な宝珠形の四葉の間に3本の平行線をいれたもの（a1），円圏をいれたもの（a2），四葉だけのもの（a3），蝙蝠形の四葉の間に子葉をもつもの（b），四葉がないが，四方に3本の平行線をもつもの（c），に分ける。十二支銘には，篆書ふうの丸みを帯びた字形のもの（a），隷書ふうの直線的な字形のもの（b），小乳が線紋に，銘文が列線紋にかわったもの（c）がある。乳はすべて8個で，連弧紋座のもの（連）と円座のもの（円）がある。TLVはいずれの鏡も完備し，銘文の種類は「某作竟真大巧（好）」ではじまるほぼ同一の句（銘文K）であるので，その句数と冒頭の作鏡者とだけを表示した。

〈後漢鏡〉では単位紋様の変化とその相関関係から型式の設定をおこなったが，この分類に従えば，平原遺跡出土の方格規矩四神鏡はⅣ式が5

表1　平原遺跡出土方格規矩四神鏡の単位紋様

| 鏡番号 | 外区 | 主紋 | 鈕座 | | 乳 | 銘文 | | 径 | 型式 |
			四葉	十二支		句数	作者		
1	雲1	a	b	a	連	5	尚方	23.3	Ⅳ
2	雲1	a	b	a	連	5	尚方	21.1	Ⅳ
20	鋸a1	a	b	a	連	5	尚方	20.5	Ⅳ
29	鋸a1	a	b	a	円	5	尚方	18.7	Ⅳ
22	鋸a1	a	b	a	円	5	尚方	18.5	Ⅳ
3・4	雲1	b	b	b	円	5	尚方	20.9	VA
5	雲1	b	—	a	円	4？	尚方？	18.4	VA
6	雲1	b	—	b	円	5	尚方	18.5	VA
21	鋸a1	b	a2	a	円	5	尚方	18.7	VA
23・24・25	鋸a1	b	c	b	円	5	尚方	18.8	VA
19	鋸a1	b	a2	a	円	5	尚方	18.5	VA
27	鋸a1	b	—	b	円	3	尚方	18.6	VA
17	鋸a1	b	a3	—	円	3	尚方	16.1	VA
26	鋸a1	b	b	a	円	3	尚方	15.8	VA
31・32	鋸a1	b	a1	a	円	5	陶氏	18.8	VA
30	鋸a1	b	—	a	円	4	陶氏	18.8	VA
37・38	鋸a1	b	—	b	円	4	陶氏	18.4	VA
33・34	鋸a1	b	b	a	円	4	陶氏	16.6	VA
7・8・9	雲1	c	b	—	円	3	尚方	16.1	VB
18	鋸a1	c	a2	c	円	3	尚方	15.9	VB
28	鋸a1	c	a2	a	円	3	尚方	16.6	VB
35	鋸a1	c	a2	a	円	3	陶氏	16.2	VB
36	鋸a1	c	a1	—	円	3	陶氏	16.4	VB

 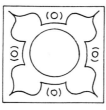   

　　a1　　　　　a2　　　　　a3　　　　　b　　　　　c

図1　平原遺跡方格規矩四神鏡の鈕座四葉紋

面，VA式が19面，VB式が7面という内訳になる。単位紋様の変化をみると，主紋のa→b→cという変化に対応して，鈕座の十二支紋がaからb，そしてcもしくはないものへ，銘文は5句から3句へ減少し，面径も漸移的に縮小する傾向が確かめられる。これは〈後漢鏡〉の結果とまったく矛盾しない。

　平原遺跡の中国鏡にはほかに虺龍紋鏡（16号鏡）と内行花紋鏡（15号鏡）がある。虺龍紋鏡は〈前漢鏡〉分類のⅠ式，内行花紋鏡は〈後漢鏡〉分類の四葉座Ⅰ式に該当する。

　糸島地域に所在する，多数の中国鏡が一括出土した三雲1号甕棺，同2号甕棺[4]，井原鑓溝甕棺[5]，平原墳墓について，併行する型式（小期）ごとの度数分布をみたのが図2であり，上段には〈前漢鏡〉と〈後漢鏡〉による主要な鏡式についての編年を示している。これによると，平原の鏡群は方格規矩四神鏡Ⅲ式を主体とする井原鑓溝に後続すること，三雲の2基は同時期で，井原鑓溝との間に2世代ほどのヒアタスがあることがわかる。ただし，一括遺物においては最も新しい型式の数量が最も多くなるのが普通であり，三雲の2基や井原鑓溝はこの原則に合致しているが，平原ではピークが最も新しい方格規矩四神鏡VB式にはなくて1型式古いVA式にあり，正規分布をなす点に若干の問題が残されている。とはいうものの，平原の中国鏡は虺龍紋鏡の1面が前1世紀後半，方格規矩四神鏡の1面が後1世紀初頭に遡るほかは，32面が1世紀前半から中ごろまでの3型式に集中するまとまりをもっている。しかも方格規矩四神鏡VA式とVB式には6組14面の同型鏡が含まれ，また次章で述べるように，ほかに例のない「陶氏」鏡がこの両型式にみられる。したがって，少なくともこの2型式の方格規矩四

神鏡は，1世紀後半までにまとまった一括の状態でここ糸島の地にもたらされた可能性が高い。

　これまで平原遺跡の年代を古墳時代に位置づけ，もって中国鏡の年代も後漢後期に下げるむきもあったようであるが，以上の分析は，中国鏡すべてが「漢中期から後漢の前半を下らない」と論断した〈報告〉の年代観を支持し，さらに限定した年代を与えることができた。

　『後漢書』によると，57年に倭の奴国が光武帝に朝貢して金印を賜っている。おそらくそれと相前後するころに伊都国の首長が平原の鏡の大半を入手し，同時に後漢王朝から「国王」との認知，すなわち冊封を受けていたものと私は考えている。

2　方格規矩四神鏡の製作体制

　平原遺跡の方格規矩四神鏡には，「尚方」と「陶氏」の2通りの作鏡者が銘文にみえる。その内訳は「尚方」が22面，「陶氏」が9面である。尚方

漢　鏡	3 期	4 期	5 期
西　暦	100　　　50	BC｜AD	50
異体字銘帯鏡	Ⅰ　Ⅱ　Ⅲ　Ⅳ	Ⅴ　Ⅵ	
虺　龍　紋　鏡		Ⅰ　ⅡA　ⅡB	
方格規矩四神鏡		Ⅰ　Ⅱ	Ⅲ　Ⅳ　VA　VB　VC
四葉座内行花紋鏡			Ⅰ　Ⅱ　Ⅲ　Ⅳ
三雲1号甕棺			
三雲2号甕棺			
井原鑓溝甕棺			
平　原　墳　墓			

図2　糸島地域弥生一括鏡群の型式別度数分布

とは宮廷の御用品を製作する官営工房であるが，中国で「尚方作」鏡があまりにも多く出土するため，大半は民間でこれを詐称したものと考えられる。〈後漢鏡〉に述べたように，方格規矩四神鏡はVA式以降，「尚方作」の銘文Kにほぼ限られ，「陶氏」のような民間の姓をもつものはまれである。また，陶姓は漢人のなかにはめずらしくはないけれども，作鏡者としては方格規矩四神鏡のみならず，そのほかの鏡式を見回しても，まったく例がない。この2つの点で平原遺跡の「陶氏作」方格規矩四神鏡はきわめて特異な存在といわざるをえない。

　前章で平原遺跡の方格規矩四神鏡は単位紋様とその構成が中国出土のものと基本的に共通することを確かめた。中国鏡である以上は当然のことである[6]が，それでは「陶氏」鏡はその銘文だけが特殊なのであろうか。強いて「陶氏」鏡に特有な単位紋様を挙げれば，31・32号鏡と36号鏡にみえる鈕座の四葉紋a1やVA式の30号鏡と31・32号鏡と37・38号鏡にみえる十二支紋aなどがある。しかしこれとて「尚方」鏡にまったく存在しないわけではない。むしろ「尚方」鏡と「陶氏」鏡との類似性の強さのほうが重要であろう。単位紋様とその変化の方向が共通するだけでなく，銘文の字形も両者は区別できないほど類似している。また，やや特異な紋様では，36号「陶氏」鏡において亀と蛇の間に魚が付加され，21号「尚方」鏡でも同様に玄武の横に魚が加えられている。このような特異な紋様が共通することは，それが同一工人によるものではないにせよ，きわめて近い関係にあったことを示唆している。

　「尚方作」方格規矩四神鏡は王莽代のIV式以降，後漢後期のVI式までおこなわれたのに対して，「陶氏」鏡は後漢初期の方格規矩四神鏡VA式とVB式にのみ存在した。後漢代の手工業全体の動向から類推すると，「尚方」を名乗り，主に方格規矩四神鏡を製作していた工房から「陶氏」が分派し，相互に連絡をとりながら方格規矩四神鏡の生産をおこなっていたのではなかろうか。神獣鏡や獣首鏡などを製作した後漢代の広漢西蜀「尚方」，あるいは一連の三角縁神獣鏡を製作した三国代の「陳氏」のように多様な鏡式の生産に携わった工人とは異なり，「陶氏」は方格規矩四神鏡という単一鏡式の生産のみに従事していた可能性がある。

3　仿製内行花紋鏡

　平原遺跡からは中国鏡のほかに，日本列島で製作したと考えられる仿製内行花紋鏡がある。なかでも径46.5cm，重さ7950gという超大型の内行花紋八葉鏡は，4面の同型鏡があり，弥生時代の仿製鏡としては比類ない大きさと特異な紋様をもっている。福岡平野を中心に生産された弥生時代の仿製鏡は一般に径が10cmに満たない小型のもので，鋳上がりのよくないものが多いことから，この平原鏡を古墳時代のものと疑う意見もあるが，古墳時代の仿製鏡にも類似する紋様はみあたらない。

　一方，14号鏡は中国製内行花紋鏡と区別できないほど紋様が類似するが，斜角雷紋や連弧間紋様が左右反転し，銘文も通有の「長宜子孫」ではなく，中国鏡にはない字形であるため，仿製鏡と考えられる。径が27.1cmと中国製内行花紋鏡にはまれな大きさであることもその理由に挙げられる。〈報告〉では銘文を「大宜子孫」と読み，これを中国鏡と論断しているが，字形に難がある。偽銘や反転した紋様から，モデル鏡を横に置いて忠実に模倣した仿製鏡と考えるべきであろう。類例として福岡市野多目前田遺跡出土鏡がある[7]。それは1/4ほどの破片で，復原径が18.1cmとやや小さく，反転した斜角雷紋や「天」とも読める偽銘がある。後世の溝から出土したため，本来の年代はわからない。

　〈報告〉掲載の馬淵久夫氏らによる鉛同位体比の分析によれば，これら平原遺跡の仿製内行花紋鏡はその原料が弥生小型仿製鏡と同じグループに属しているという。これは古墳時代説を否定するひとつの傍証となる。

　これが古墳時代に下らないとすると，モデルとなった内行花紋鏡の年代から，弥生後期に位置づけられ，ほかに類例が見あたらない現状では，平原遺跡の所在する糸島平野での製作を推定することも一案として考えられる。

　糸島平野では，銅矛・銅戈や小型仿製鏡を活発に生産，使用した福岡平野と異なり，これらの生産と使用はふるわず，そのかわり，弥生後期になっても井原鑓溝や平原遺跡のような継続的な中国鏡の大量流入がみられた。逆説的ではあるが，この状況のもとで，内行花紋鏡を忠実に模倣した仿製鏡や超大型の仿製鏡を製作するという，福岡平

野での弥生青銅器とは比較にならない特殊化した青銅器が糸島平野において求められ，生産された可能性がある。鋳造技法は異なるけれども，唐津市桜馬場甕棺から出土した複雑な形の巴形銅器などが，それに先だって糸島平野で製作されたことを併せて想定しておきたい。

4　鋳鏡技術

　平原遺跡からは中国製方格規矩四神鏡と仿製内行花紋鏡に7組18面の同型鏡が出土した。近年急速に進展している三角縁神獣鏡の製作技法についての研究[8]を参考に，同型鏡の鋳造技法について若干の検討をおこないたい。

　鏡はすべてばらばらに破砕しているため，径の測定値はやや信頼性に欠けるけれども，残存部分での計測によれば，同型鏡は相互に同じ大きさである。私の計測した限りでは，大きさにわずかな差の現われる原鏡と踏返し鏡という親子の関係は見あたらず，いずれも同一の原型もしくは鋳型による兄弟の関係にあることが想定できる。

　当然ながら，紋様は細部まで一致する。方格規矩四神鏡は細かく割れたうえに紋様面に顔料を塗ったものが多いため，地肌の微細な比較は容易ではないが，カラー口絵3の7号鏡と8号鏡で比較してみよう。まず，L形の先端から銘文の「飢」字にのびる凸線（矢印左）は鋳型の傷であるが，2面とも同じように現われている。こうした凸に現われる損傷が進行した形跡はほかの部分でも見あたらない。さらに，銘文の「泉」と「飢」との間に逆Y字形に走る凹んだ皺（矢印右）があり，これも同様に発現している。この皺は鋳型の傷とは関わりなく，鋳造の湯回りの状態によってできるものであり，原型そのものの皺と考えられる。したがって，その原型は金属であり，この金属の原鏡を踏返して複数の真土型をつくる同型鏡の技法が想定できる。

　驚くべきことに，この凸に現われる損傷や凹んだ皺の一致が，仿製大型内行花紋鏡の4面にも観察できる。鈕孔の方向も完全に一致する。ただし，12号，13号，11号，10号鏡の順に鋳肌が悪くなっているが，それは単に鋳造の具合によるものであり，鋳型の損傷が進行した形跡はみられな

い。このことから，この大型の仿製内行花紋鏡は，中国製の方格規矩四神鏡や三角縁神獣鏡と同様に，金属原型による同型鏡の技法で製作されたものと推定できる。なお，残存部分の計測では，原型鏡はこの4面のなかには見あたらない。

　前章で糸島平野での特殊な青銅器生産を想定した。仿製大型内行花紋鏡の鋳造技術は，弥生小型仿製鏡だけでなく，古墳時代の仿製三角縁神獣鏡をもはるかに越える高度なものであった。問題は北部九州あるいは弥生時代にとどまらないほど大きく，小稿のよく論じうるところではない。別稿にゆだねたい。最後になったが，資料調査にあたっては，川村博，角浩行，山口譲治，渡辺正気氏にお世話とご教示をいただいた。多謝。

　　註
1)　原田大六『平原弥生古墳　大日孁貴の墓』平原弥生古墳調査報告書編集委員会編，1991。これを〈報告〉と略記する。
2)　岡村秀典「前漢鏡の編年と様式」史林，67—5，1984。これを〈前漢鏡〉と略記する。
3)　岡村秀典「後漢鏡の編年」（1992年3月脱稿。『国立歴史民俗博物館研究報告』に掲載予定）。そこでは平原遺跡の鏡をはじめとする日本出土鏡は分析の対象から除外している。これを〈後漢鏡〉と略記する。
4)　柳田康雄編『三雲遺跡　南小路地区編』福岡県文化財調査報告書69，1985
5)　梅原末治「筑前国井原発見鏡片の復原」史林，16—3，1931
6)　高橋徹氏は平原遺跡の方格規矩四神鏡35面すべてを仿製鏡と考えている（「鏡」『菅生台地と周辺の遺跡』XV，1992）。私がVB式とした一部の鏡の流雲紋と四神が「中国鏡とするにはいささか腑に落ちない」ために高橋氏はすべてを仿製鏡と考えるのであるが，その根拠は当たらない。しかし，本稿で検討したように，例のない「陶氏」鏡や予想を越える仿製鏡の製作技術を考えると，発言そのものは一考に値する。詳論をお願いしたい。
7)　山口譲治編『野多目前田遺跡調査概報』福岡市埋蔵文化財調査報告書85，1982
8)　八賀晋「仿製三角縁神獣鏡の研究―同笵鏡にみる笵の補修と補刻」学叢，6，1984，岸本直文「三角縁神獣鏡製作技術についての一試論」近藤義郎編『権現山51号墳』1991，福永伸哉「三角縁神獣鏡製作技法の検討―鈕孔方向の分析を中心として」考古学雑誌，78—1，1992

飛禽鏡の性格

倉敷考古館
■ 間 壁 葭 子
（まかべ・よしこ）

飛禽鏡は日本で出土例が8例と少ないが，弥生末から古墳初期
の時期に集中しており，副葬された人物の海上雄飛の姿と重る

1 形態と名称

飛禽鏡は，頸と足の長い一羽の鳥が，鈕を胴体
としたような形で，上下に頭と尾，左右には羽根
を広げ，足も左右へつき出した図柄を主文様とし
ている。円形の中へ頸と尾の長い鳥形を表現する
ために，頸から頭，尾羽根はそれぞれ左右に振
り，S字や逆S字をえがく形に屈曲している。羽
根も広げてはいても左右を対称に，羽根の向きを
平行に表現したものが多いが，羽根の下で左右に
つき出した足には，時に非対称のものがある。全
体に鳥の具象とはいえ，図案化された形状であ
るといえよう。

鏡の縁は，素文平縁と斜縁があり，前者は櫛歯
文・素文帯を，後者は鋸歯文・櫛歯文・素文帯を
持つのが普通である。文様には細線描きと半肉彫
りのものがあり，頸部・尾部の左右にそれぞれ小
乳を配した四乳のものが多く，直径は10cm未
満である。

この種の鏡は，梅原末治氏の『鑑鏡の研究』
（1925年）や，後藤守一氏の『漢式鏡』（1926年）で
は「鳳凰文鏡」とも呼ばれている。梅原氏が先の
本で「糸巻形飛禽鏡」と称する鏡もあるが，これ
は夔鳳鏡の一種を指している。

また朝鮮総督府『古蹟調査特別報告 第4冊
楽浪郡時代の遺跡』の本文冊（1927年）では，文中
で「飛禽鏡」，同一の鏡を図解説では「四乳飛鳳
鏡」と記している。しかし同報告の図録冊（1925
年）では，同じ鏡を「飛禽鏡」と説明しており，
いずれにしても現在では，この種の鏡を飛禽鏡と
か飛禽文鏡と呼ぶのが通例となっている。

2 出土例と時期

飛禽鏡はわが国だけでなく，中国・朝鮮半島を
通じ出土例が少ない。樋口隆康氏の『古鏡』（新潮
社，1979年）によると，中国でもわずか6例ばか
りである。朝鮮半島では，先の楽浪に関係した報
告書には，出土品として5例がある。中国や朝鮮

半島における その後の 発見例も 当然考えられる
が，決して大量に出土する鏡式とはいえないだろ
う。中国の出土例では，後漢代とか，三国・西晋
時代の年代観が与えられており，後漢鏡式の鏡と
される。

わが国で出土地の明らかな例は，管見の限りだ
が，8例ばかり，個々についての遺跡の概要と参
考文献を簡略に示してから，その特性を考えてみ
たい。なおこの8例に関しては内区の鳥形は，す
べて半肉彫である。

(1) **京都府綾部市成山2号墳**（京都府教育委員会
『埋蔵文化財発掘調査概報』1966年） 低丘陵上平
坦部にある4基の古墳の1基。円墳，径20
m。割竹形木棺直葬。飛禽鏡とガラス小玉
200個ばかり。鏡は径9.5cm，平縁，鳥の頭
は左向き，尾先は右向。左右の羽根ほぼ平
行，両側の足は屈曲し爪先はつぼめた形を示
す。この2号墳に近い3号墳には，二重口縁
で平底の痕跡のある底に孔のある壺が出土。
古墳初源期を示す時期と見てよいだろう。

(2) **京都府城陽市久世上大谷15号墳**（元興寺文化
財研究所『京都府城陽市上大谷古墳群の調査』1979
年） 久津川車塚より1kmばかり東方の丘陵
上にあり，前方後方墳・方墳が約半数を占め
る20基ばかりの古墳群内の1基。この古墳も
方墳で，一辺10.5m。主体は割竹形木棺で，
飛禽鏡1のほかは，櫛・刀子・玉類が出土。
鏡は径が9.6cm，斜縁，四乳，頭は左へ，
尾先は右，左右の羽根は平行に並ぶ。足は左
が屈曲して爪先をつぼめ，右は張り出してふ
ん張った形の，非対称である。この古墳は概
報では4～5世紀初とするが，一群中の他の
方墳6号墳からは夔鳳鏡1と鉇・手斧・土師
器高杯が出土し，4世紀後半とする。15号墳
が6号墳より下る理由は見られない。

(3) **福井県武生市岩内山古墳群D区土壙**（岩内
山遺跡調査団『岩内山遺跡』1976年） 独立丘陵
上の50余基の古墳群中の1基。多くの古墳は

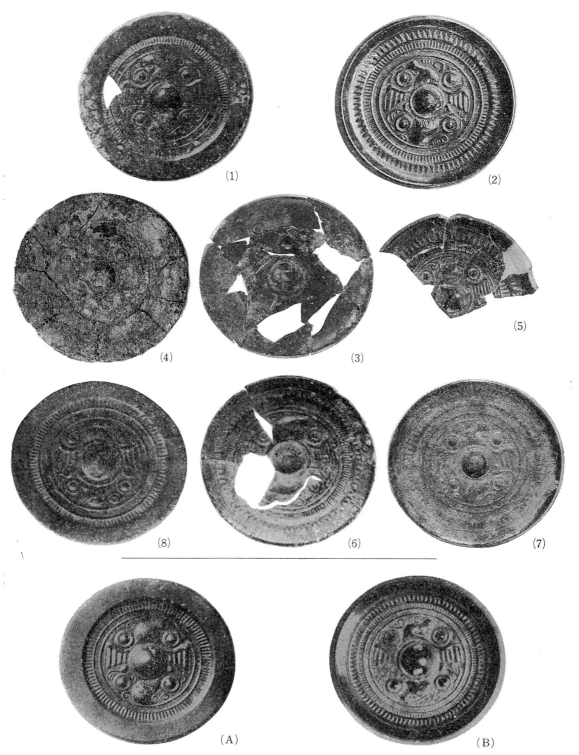

日本（1〜8）と朝鮮半島（A・B）出土の飛禽鏡（番号は本文中番号に同じ）
平縁：1 成山，4 宮山，8 岩津，A 大洞江面
斜縁：2 上大谷，3 岩内山，5 汐井掛，6 外之隈，7 赤塚西方，B 大洞江面
写真提供：1 京都府立丹後郷土資料館，2 城陽市教育委員会，3 本村豪章氏，4 岡山県立吉備路郷土館，5 九州歴史資料館，
　　　　6 福岡県教育委員会，7 宇佐市教育委員会，8 岡崎市郷土館

49

尾根上にあるが，この遺構は下降する小支脈上に位置する。本来の形態は不明だが，かなりな土器片が出土した下部で大小２基の土壙が出土。大形土壙中より鏡と鉇１本が出土。鏡は径 9.1 cm，斜縁，四乳，頭は右向，尾先も右らしい。全体に不鮮明だが，足は両方へ屈曲しながら張り出している。土壙上部の土器は，大形二重口縁の壺もあり，全体に月影式に近いとされる。

(4) **岡山県総社市三輪宮山古墳**（岡山県史編纂委員会『岡山県史・考古資料』1986年）　低丘上にある全長 38m の前方後円墳。周辺には，土壙墓・箱式棺・特殊器台使用の土器棺などの墳墓群がある。後円部頂に竪穴石室１基，前方部やくびれ部にも埋葬があり，墳丘から特殊器台出土。長さ３mの竪穴石室は，石材の蓋でなかった可能性が強い。当地方で古墳出現期の代表的な墳墓の一つ。副葬品は，鏡１のほかは直刀・剣・鉄鏃・ガラス小玉など。鏡は錆が強く不鮮明だが，西田守夫氏の指摘で，飛禽鏡と判明。径 9.7 cm，平縁，四乳，頭を右向きにした鳥が，羽根を左右に広げた状況が窺える。

(5) **福岡県鞍手郡若宮町汐井掛遺跡 28号木棺**（福岡県教育委員会『九州縦貫自動車道関係埋蔵文化財調査報告XXVIII』1979年）　丘陵尾根上に土壙墓・木棺墓・箱式石棺など 189 基が群在する中の１基。木棺を使用したと見られる二段掘込み。鏡は長辺の一段目掘込み上で赤色顔料とともに発見。鏡は 1/3 程度の残欠。復原径約８cm，斜縁。鈕と二つの乳が残り，右向き頭部と右羽根と屈曲した形で張り出した足の一部が見られる。この遺跡全体は，弥生末から古墳初期の墳墓群と考えられている。

(6) **福岡県朝倉郡朝倉町大字山田　外之隈II区２号箱式石棺**（『弥生古鏡を掘る』北九州市立考古博物館第９回特別展目録，1991年，概要は福岡県教育委員会伊崎俊秋氏による）　丘陵先端に基盤の岩を削り出す形で，一辺 14m 程度のやや長方形台状部を造る。ここに，岩盤を掘込んだ主体５基と裾部に１基，計６基の埋葬主体。１・２号は箱式石棺だが，中央に位置する木棺使用の４・５号の方が先行する。１号箱式棺内では若い女性人骨と重圏連弧文鏡片，刀子など出土。２号箱式棺中より飛禽鏡

と鉄片。３・５号では鉄片のみ。他はなし。飛禽鏡は径 9.0 cm，斜縁，四乳，頭は右，尾先も右，双方の羽根先は，やや下方が開く。足は右方のみ判明するが，強く屈曲し爪先を上方へ曲げた形を示す。なお，ここでは二重口縁の壺などが出土し，庄内式の新か布留式の古を思わすとのことである。

(7) **大分県宇佐市高森赤塚古墳西側１号方形周溝墓**（大分県教育委員会『宇佐市川部・高森地区遺跡緊急発掘調査概報II』1979年）　三角縁神獣鏡など５面が出土したことで著名な赤塚古墳の西側 70m に位置し，丘陵の裾部。方形周溝の溝外側で一辺約 14m，溝幅は 1.6m。主体は箱式石棺で内部から人骨１体と鏡１・玉・剣が出土。鏡は径 9.5 cm，斜縁，四乳。頭を右，尾先も右。左右の羽根はほぼ平行並び，足は左が真直で爪先はふん張った形。右は屈曲し，爪先をつぼめた形で，非対称形。この墓の造営時は赤塚古墳に近いが，どちらが先行するかは不明とされている。

(8) **愛知県岡崎市岩津町西ノ坂　岩津１号墳**（岡崎市教育委員会『岩津古墳群』1964年）　丘陵斜面にあり，墳丘がかつては 18m ばかりの横穴式石室墳。石室全長 10m，羨道・前室・玄室とに分れ，各室の区切は両壁面に石柱状の板石を立てている。玄室内では人骨３体分が認められ，少なくとも埋葬はそれ以上と考えられた。その中で中央より手前，壁寄りのNo.3 人骨の近くより飛禽鏡が出土。他に，金環・刀・鏃・馬具など若干と多量の須恵器。なおこの古墳で発見された30点近くの須恵器のうち，半数近くが装飾須恵器だったが，その中に水鳥など鳥の小像付の多い点がきわめて注目される。飛禽鏡は径 8.3 cm，平縁，四乳，頭は右，尾先も右，羽根は左右ほぼ平行で，両足は屈曲している。

3　出土遺跡の性格

出土地の明らかな８例の飛禽鏡が，すべて墳墓の副葬品であることは言うまでもないが，岩津１号墳が６世紀後半頃築造の横穴式石室であることを除くと，他の７例には，墳墓築造の時期やその性格に，きわめて似た共通性がうかがえる。

まず第１に，７例の墳墓築造時が，弥生末か古墳初期か判然としない時期に集中している点であ

る。中には大谷15号墳のように常識的には，4世紀末から5世紀初の年代観が与えられるような古墳もあるが，構造や内容から見て，成山2号墳と同期頃と考えてもとくに矛盾するとは思えない。

第2は，発見例が少ないにもかかわらず，各地に分散し，それぞれの地では中心的な地域にある。墳墓の外形・内部構造には，個々かなりな違いが見られたが，それぞれの地域で古墳出現期の特性を示したスタイルでもあった。しかもそれぞれの地で最大級というものではない。

第3は，飛禽鏡を持った埋葬では，現在のところ，複数の鏡や宝器的な優れた副葬品を見ない。

なおわが国内での飛禽鏡の平縁と斜縁の違いに対しては，時期差も遺跡の内容差も，とくには認められないと思われた。

以上のような共通性から見て，わが国でこの種の鏡を入手した人物の，地位や性格が大変似ていたと見てよいだろう。しかも副葬時が近いことは，互いにほぼ同期の人物で，しかも鏡がとくに伝世されることもなく，入手者とその縁辺の人物に副葬された可能性を示すものだと思う。それらの人物は，古墳出現期の各地で，一定の地位は得ていても，後に古墳時代の中心勢力となる大和王権と，とくに関わりを持った系譜とも思えない。墳墓は地方色を示し，彼らが飛禽鏡のみ副葬していたことから，合せて各種の鏡を入手する立場になかったことを窺わすのである。

しかしこの事実は，逆に古墳出現期には，近畿一帯も含め，各地に独自に朝鮮半島などへ渡航し，交易を行ない得たグループが存在したことを示しているとも思う。飛禽鏡が朝鮮半島に多いこと，また大量に一括してわが国にもたらされた可能性の少ないことから，飛禽鏡を副葬した人物達が自から海上を雄飛する姿と重なるのである。

4 鳥への意識

各時代を通じ，鏡背面の図柄が，それを入手する者にどれ程の意味を持ったかは不明である。しかし弥生時代以来，土器や青銅器上の絵画が，一定の意味を持って描かれていると認めるのであれば，舶載される鏡の図柄にも，当然何らかの意識が付与されていたと見てよいだろう。

古墳出現期の頃には，各地に直線や曲線を複雑に組み合せた図柄が出現している。銅鐸絵画に見るような身近かで，アニミズム的な具象世界より，むしろ抽象化した別次元へと，意識が変化していたことを示すものであろう。こうした中では鏡の図柄も，たとえ具象的なものであっても複雑さや神秘さを持つ別世界的なもの，または幾何学的であったり抽象化された文様が好まれた可能性が考えられる。

飛禽鏡のようにただ一羽の鳥が，あまりなじみのないスタイルで，しかもかなり具象的でシンプルに表現された図柄は，とくに当時の倭人に好まれたとも思えない。同様な構図でも，盤龍鏡などの方に，より神秘性を感じたのではなかろうか。出土事例の多寡の差がそれを物語る。

しかし進取的に，自から大海を渡り海外の国々へ出向いたような人物，しかも背後にとくに強い勢力を持ったとも思えない人々にとっては，遠く海を自力で自由に渡り往来するような鳥は，一つの理想像であり，自分の守護像であったかも知れない。楽浪あたりで，比較的容易に入手出来た可能性のある鏡の中から，彼らは意識してこの飛禽の図柄を撰んだ可能性もある。

弥生時代末の絵画や文様の中には，時に鳥形をスタンプした文様もある。いつの時代にも，しばしば鳥は異境への使者と意識されており，この思想は時代を越えて，何か契機があれば，表面化する意識であろう。

今まで全く異質な事例として触れずに来た岩津1号墳の場合も，鏡の入手法とか，後期古墳への古いタイプの舶載鏡埋納に対する検討は，当然別個の問題として考えるべきものだが，岩津1号墳に，死者への供献の器で，鳥を飾りとした優れた装飾須恵器が多数副葬されている点と，鏡の図柄が，全く無縁とは思えないのである。この時期にも，彼岸の世界への鳥の力を意識したことが，飛禽鏡入手への契機だったのではなかろうか。

飛禽鏡というような，わが国での出土例も少なく特異な鏡だけを抽出して推測を重ねたが，その実証はむずかしい。他の鳥文鏡などの事例との比較も必要である。しかしいずれにしてもこの種の鏡の在り方が，わが国の弥生から古墳期へという流動的な時代の，一つの社会的断面と意識の一端を示すものだと思われるのである。

小文を書くに当り伊崎俊秋，伊藤久美子，小倉正五，近藤義行，西田守夫，藤丸詔八郎，本村豪章の各氏に多大のご教示をえた。また朝鮮半島の資料に関しては『朝鮮考古資料集成11』によった。深く謝意を表したい。

三角縁神獣鏡研究の現状──■

奈良国立文化財研究所
岸本直文
（きしもと・なおふみ）

最大の問題である製作地についての議論，最近の編年や系譜に
ついての研究を紹介し，三角縁神獣鏡研究の現状を整理する

筆者は三角縁神獣鏡を表現から分類することを試み，これによって製作工人の系統を考えたことがある[1]。三角縁神獣鏡研究の一端に過ぎないが，その後，参加した前期古墳の発掘調査によって三角縁神獣鏡が出土する幸運にも恵まれ，引き続きこの鏡に関わることが多い。その過程で，1組の同型（笵）鏡5面を観察して，その製作技術の解明を試みたこともある[2]。ここでは，最近の三角縁神獣鏡をめぐる研究を紹介しながら，日頃考えるところを述べることにしよう。

1 製作地論争

三角縁神獣鏡でまず問題となるのは製作地である。中国製あるいは日本製説の，それぞれの論拠が出そろってはいるが，議論は平行線をたどっている。筆者にはまだ成案がないが，これまでの諸説についてコメントしておこう。

福知山市広峯15号墳出土の「景初四年」銘の盤龍鏡をめぐっても，それぞれが有利な材料として取り上げ，結局のところ物別れに終っている[3]。この紀年鏡の存在についての田中琢の論は明解である[4]。つまり，卑弥呼の使いが正始元年に日本に戻ってきた時には，すでに改元を知っているのだから，それから日本で作った鏡に「景初四年」の紀年が入ることはありえないとの論である。これに日本製説の論者が反対する場合，製作工人はすでにいて，朝貢を記念して三角縁神獣鏡を日本で作り始めていたと説明するのだろう。その場合，弥生時代以来の日本の青銅器工人を考えるむきもあるが，技術上の差は大きいと思われ，三角縁神獣鏡を独自に生み出したとは考えにくい。むしろ景初3年の朝貢以前に中国の鏡工人が渡来していたとみる方がまだ考えやすい。しかし，彼らがいつどのような契機で日本に渡ったのか，三角縁神獣鏡以前にどんな仿製鏡を作っていたのかという点は，想定はできても証明が難しいように思われる。城陽市芝ヶ原12号墳出土鏡や前原市平原出土鏡などを考えるとしても，最古の三角縁神獣鏡より古いと決めることはできるだろうか。

景初4年の盤龍鏡の出土によって，三角縁神獣鏡が女王卑弥呼の魏への朝貢に関わることが一層確かなものになり，改元の詔勅および卑弥呼の使いに土産物を下賜する詔勅が，ともに景初3年12月に出されるという条件下の産物であることが明らかとなった。したがって，後の時代になって，過去の重要な出来事を記念して作られたという見方はまずありえない。さらに，一連の紀年鏡が卑弥呼の朝貢と関わるとみる以上，少なくとも第一回目の朝貢の際に下賜された「銅鏡百枚」にあてるのが自然ではないだろうか。

一方，中国製という点にも困難を感じる点がある。古く小林行雄が「第2次成立鏡群」や「新型式鏡群」と呼んだ波文帯鏡群があり，これについては製作時期とともに配布された時期も新しいと考えられている。三角縁神獣鏡は，副葬にいたる時期に差が生まれる程度に製作の年代幅があったと認めざるをえない。この波文帯鏡群よりも型式学的に先行するものについても，近年の研究によって2～3の段階に細分できそうである。三角縁神獣鏡の製作年代幅は，おそらく半世紀近くを考えなければならないのではないか[5]。三角縁神獣鏡が中国で出土しないことの説明として，日本向けに特別にあつらえたとする，いわゆる「特鋳説」がある。また景初3年の朝貢以来，何回かの献使が記録されており，その都度，新しい型式の三角縁神獣鏡がもたらされたと説明される場合が多い。しかし，三角縁神獣鏡という鏡式を，魏から西晋代にかけて半世紀あるいは四半世紀でもよい，日本向けのためだけに創案し維持していたという想定に無理があるように感じられる。

また別の第3の案として朝鮮半島北部での製作を考える説もある。白崎昭一郎は，三角縁神獣鏡に見える銘文の類似例を検討し，朝鮮半島北部出土の鏡との関係を指摘する[6]。また宮崎市定も，景初4年鏡の存在から，「魏の年号を尊重し，重視しなければならぬ土地」であり，しかも景初3

年12月に出された詔勅が遅れて到着する可能性の
ある地域として帯方郡を考える[7]。また，しばし
ば議論になる「用青同（銅）至海東」の「海東」
は，用例の認められる朝鮮半島と解釈できるとす
る。この点は白崎もすでに指摘している。

　朝鮮半島北部の鏡生産の実態は明らかでなく，
また説明しなければならない点は多いが，これま
での中国製か日本製かという議論とともに，この
朝鮮半島北部製説についても，今後とも継承し十
分な検討を重ねる必要がある。

2　最近の研究成果

　三角縁神獣鏡が中国製であるのか日本製である
のかの議論は，その歴史的意義についての評価を
左右する問題であって，避けて通ることはできな
い。その重要性は動かないとしても，製作地のみ
に議論が集中することは，考古資料としての正当
な研究をかえって阻害することにもなりかねな
い。事実，小林行雄以来，長らくこの鏡の研究は
ほとんど進展することがなかった。ようやく最近
になり，鏡自体から出発した手堅い研究が行なわ
れ，実りある成果が引き出されつつある。

　三角縁神獣鏡の編年　まず，三角縁神獣鏡の編
年の見通しをまとめた新納泉の研究を取り上げよ
う。新納は変化の指標として捉えやすい要素を選
び，変化の方向を想定した。例えば，外区の厚さ
が次第に薄く扁平になる，また小さな乳が次第に
径を増す，といったことなどである。そして，こ
れらの対応関係に矛盾がないことから，想定した
変化の方向を確認し，またそれぞれの要素の型式
組列の平行関係をまとめている[8]。

　こうした各要素の変化については，筆者が神獣
像表現の退化を軸として製作工人の系統をまとめ
た際に，すでにいくつか指摘していたが，よりわ
かりやすく整理している。とくに変化の時間軸と
して中心をなすのが，外区の厚みの変化である。
すなわち，外区が厚く内区との段差が大きなもの
から小さなものへ，またこの変化に従って斜面の
鋸歯文がやがてなくなるという変化の方向は非常
にわかりやすい。この外区の断面形態によって，
仿製鏡を含めて五つの段階に区分している。

　この編年案は，おおよそ筆者の整理と矛盾なく
対応し，あいまいであった四神四獣鏡群・陳氏作
鏡群・二神二獣鏡群の平行関係に裏付けをあたえ
るものとなる。例えば当初から揺座乳をそなえた

二神二獣鏡群の出発点を，四神四獣鏡群の最古の
ものより下げて表示したり，また二神二獣鏡群の
表現④・⑤について神獣像表現にもとづいて新古
の区分を想定したが，これらは新納の編年案によ
っても妥当であることが認められよう。

　こうした新納が試みた方向を継承し，三角縁神
獣鏡の編年を完成させ製作過程を明らかにするこ
とは，三角縁神獣鏡に関わる議論の基礎となろ
う。またこれによって，小林行雄の研究によって
定説化した，三角縁神獣鏡の配布の諸段階につい
て再検討することも可能となるだろう。

　ところで，新納が強調するところは，こうした
変化は他の考古資料の型式変化と異なるものでは
なく，けっして特殊なあり方ではないという点に
ある。さらに，「舶載鏡」について認められる変
化の方向に，そのまま仿製鏡が当てはまること，
つまり両者を合せて一貫した変化と見ることが可
能であると指摘する。新納のいう第4段階から第
5段階に相当するものだが，この間でやや飛躍が
あることは認めているが，それは製作体制の再編
などで説明がつくことであって，そこに断絶を読
み取ることは，型式学的な検討からは引き出せな
いとする。これは言葉を替えれば，これまで「舶
載鏡」と仿製鏡として区別してきたものの差が，
実はないということになる。むろん別の側面によ
って，その評価は十分に吟味されねばならない
が，型式学的な手続きによるかぎり，一連の変化
と理解してさしつかえないということである[9]。

　では別の判断材料はあるのか。後で触れる福永
伸哉の検討[10]によれば，「舶載」三角縁神獣鏡の
ほとんどは断面方形の鈕孔形態をもち，従来の漢
式鏡には見られない特殊なものである。そして，
仿製鏡一般が円形の鈕孔をもつのに対し，**仿製三
角縁神獣鏡**の鈕孔形態は「舶載」三角縁神獣鏡と
同じ方形をとる。福永はそこに「舶載」三角縁神
獣鏡の製作工人による技術伝授をも想定する[11]。
確かに，仿製鏡のなかで三角縁神獣鏡のみが方形
の鈕孔をもつことは，他の仿製鏡製作工人と系統
が異なることを示していよう。この点は，**仿製鏡**
全般の検討から森下章司も認めるところであ
る[12]。しかしながら，仿製三角縁神獣鏡の製作に
際して，技術伝授すなわち「舶載」三角縁神獣鏡
の製作工人が渡来したと考えることは，どの段階
からかという問題を含めて，さらに検討を要す
る。いずれにせよ，鈕孔形態は「舶載鏡」と**仿製**

53

鏡の関連の強さを支持する材料となろう。

一方，従来の「舶載」と仿製の差を支持する側面として，製作技術が挙げられる。八賀晋は，「舶載鏡」は原型を使った同型鏡であり，仿製鏡は同じ鋳型による同笵鏡であると論じている[13]。筆者も細部でやや異なるものの，「舶載鏡」が同型鏡であるとの見解を取っている[14]。さらに福永は鈕孔方向の点から，この差異を支持する[15]。むろん，細かな笵傷進行を確認しての同型と同笵の境の決定はまだとはいえ，福永の鈕孔方向の検討からも，大局的にはほぼ従来の境の位置になるだろう。青銅の成分そのものについては，錫の含有量の違いはあるが，鉛同位体比の上からは区別できないようである。また田中琢が言うように，初期の仿製鏡では，獣像の向きが「舶載鏡」のそれと逆転することも根拠のひとつとなる[16]。

鏡そのものからうかがえる判断材料は以上のようなところである。文様などからみた従来の区分に加えて製作技術の相違は大きいように思われる。しかし，いずれにせよ「舶載」・仿製の別を一度とりはらい，全体を通しての検討を積み重ねることが必要であろう。

三角縁神獣鏡の系譜　福永伸哉は，三角縁神獣鏡に特徴的に見られる断面長方形の鈕孔形態と外区の最も外側にある外周突線を取り上げ，三角縁神獣鏡の系譜について検討した[17]。

三角縁神獣鏡に見られる断面方形の鈕孔形態は，後漢から三国時代の中国鏡では一般的なものではなく，特異な存在であることが確認できる。しかし，少数ながら紀年鏡を含む魏の領域で作られたものに見受けられ，また官営工房である「尚方」で作られたものも存在する。これに対して，三角縁神獣鏡のモデルとして指摘されてきた呉の神獣鏡は，円形の鈕孔形態をとるのである。

また外周突線については，中国鏡のなかでは一部の方格規矩鏡あるいは斜縁獣帯鏡などに認められ，とくに斜縁二神二獣鏡のほとんどは外周突線をもつことを指摘する。これらのほとんどは日本出土例であるが，残る少数例を見ると中国北方あるいは朝鮮半島からの出土である。したがって，この外周突線の系譜も，中国北方の鏡群と関わることを示唆している。

これまでにも，三角縁神獣鏡にうかがえる他の漢式鏡の要素について，西田守夫が詳しく検討を加えている[18]。西田は，内区の構図や表現あるいは銘文など，他の鏡式から借用した部分が多いことを明らかにした。これは三角縁神獣鏡の製作に際して，参考にした鏡式が多数あったことを示している。しかしながら，こうした文様の上での類似は，あくまで目の前においての模倣によって可能になることであり，鏡製作工人の系譜を反映するとは限らない。一方で，福永が取り上げた二つの特徴は，おそらく特定の製作者グループによって伝習されてきた手法であって，製作工人の系譜を考える手掛かりになると福永は考えている。この点で，三角縁神獣鏡の出自として従来指摘されていた呉の鏡については，二つの特徴とも認められず，三角縁神獣鏡との関連を考えることは困難であることを明らかにした意義は大きい。

ところで，この二つの特徴は三角縁神獣鏡において共存するものの，本来はそれぞれ別の系統の製作集団によって伝習されてきた手法である。したがって三角縁神獣鏡の製作には，この両系統の製作集団が合同で当たったことを福永は想定する。その製作地については明言していないが，「公孫氏の勢力下で銅鏡製作を行なっていた工人集団が，公孫氏滅亡後，魏によって再編成され，卑弥呼下賜用の鏡製作に当たった可能性」を示唆する。それは魏の都洛陽を考えているのだろうか。

ただ1点，これについてコメントするならば，断面方形の鈕孔形態と外周突線と合せもち，三角縁神獣鏡の関連鏡群あるいは同一系統の工人系譜によって生まれたと考えられるものは，椿井大塚山古墳と津古生掛古墳および向野田古墳の3面の方格規矩鏡のみであって，残念ながら確実に中国出土の例があるわけではない。むろん，文様からみて関係の深い方格規矩鏡は出土しており，これについては鈕孔形態が確かめられないのであり，鈕孔が方形である可能性を残している。その確認を大きな関心をもって期待したい。

ここで，三角縁神獣鏡の系譜を考える上で，注目される鏡式について触れておきたい。すでに白崎昭一郎や岡村秀典が言及している，画文帯同向式神獣鏡や斜縁二神二獣鏡などである[19]。

まず同向式神獣鏡は，同じ画文帯神獣鏡とはいえ，中国南部で発達した環状乳神獣鏡や対置式神獣鏡とは趣を異にする。三角縁神獣鏡の「景初三年」と「正始元年」の2種の紀年鏡は，同向式神獣鏡の構図をそのまま内区にあてはめたものである。また和泉黄金塚古墳から出土した「景初三年」

鏡も同向式神獣鏡である。それらはいずれも「陳是作鏡」であり，銘文の内容からも一連の作品と認められる。これ以外にも，同向式の三角縁神獣鏡がいくつかある。樋口隆康は同向式神獣鏡をＡ・Ｂに分類する[20]が，三角縁同向式神獣鏡は1例を除きＡ類にあたるものである。

これに関連して，さらに数少ないながら画文帯四獣鏡にも注目したい。例えば五島美術館蔵鏡や，久津川箱塚鏡を見ると，その獣像表現は，同向式神獣鏡Ａ類と共通している。とくに椿井大塚山古墳ほかから出土した三角縁同向式神獣鏡の獣像とは全く同じと言ってよい。また，京都大学蔵品は断面方形であることが確認できた。

さらに斜縁二神二獣鏡は，三角縁神獣鏡と同じように乳によって四つに区分し，そこに西王母と東王父および龍虎の獣像を配置すること，内区外周には銘文帯と櫛歯文帯をもち，外区についても三角縁神獣鏡と同じ構成で，半三角縁とも呼ばれる縁部の断面形態をとるなど，三角縁神獣鏡と非常に近いものである。とくに神獣像配置の上からは三角縁神獣鏡のなかの二神二獣鏡群に類似する。ただし直径は12〜18cmほどで三角縁神獣鏡より一回り小さい。この斜縁二神二獣鏡について，岡村秀典は漢鏡7期のⅢのグループとし，三角縁神獣鏡との平行関係は明らかではないが，強い親縁関係にあることを指摘する[21]。またすでに紹介したように，福永伸哉は外周突線を普遍的にもつことから，三角縁神獣鏡との系譜を考えている。

これらの大半は日本出土の例であり，大陸からは伝聞であることが多いが，中国北部あるいは朝鮮半島北部から出土している。今後，これらの鏡式との関係をさらに追及する必要がある。

註
1) 拙稿「三角縁神獣鏡製作の工人群」史林，72—5，1989
2) 拙稿「三角縁神獣鏡の製作技術についての一試論」近藤義郎編『権現山51号墳』1991
3) 財団法人京都府埋蔵文化財調査研究センター編『謎の鏡―卑弥呼の鏡と景初四年銘鏡―』同朋舎，1989
4) 田中「卑弥呼の鏡と景初四年鏡」（註3文献），96〜97頁，田中『倭人争乱』＜日本の歴史＞②，集英社，1991，235〜236頁
5) 見積りは難しいが，出土古墳の年代観からあえて言及した。なお，小林行雄は三角縁神獣鏡の年代幅を8〜12年と考えているが，そこまで限定できるか

どうか疑問である。小林「三角縁神獣鏡をめぐって」『史跡森将軍塚古墳』更埴市教育委員会，1992
6) 白崎昭一郎「三角縁神獣鏡の考察（その二）―吾作銘鏡を中心として―」福井考古学会会誌，3，1985，白崎「三角縁神獣鏡の考察（その三）―景初四年銘盤龍鏡をめぐって―」福井考古学会会誌，5，1987
7) 宮崎市定「景初四年鏡は帯方郡製か」『古代大和朝廷』＜筑摩叢書＞327，筑摩書房，1988
8) 新納「権現山鏡群の型式学的位置」（註2文献）
9) 都出比呂志は，これまで「舶載鏡」とされてきたものの中でも，三神三獣鏡の出現に大きな画期を想定し，以後，仿製三角縁神獣鏡との連続性を示唆している。都出「前期古墳と鏡」（註3文献）
10) 福永「三角縁神獣鏡の系譜と性格」考古学研究，38—1，1991
11) なお，実物にあたって確認した訳ではないが，壺井御旅山古墳の仿製三角縁神獣鏡の1面の内区に，「陳氏」と読みうる線描がある。これが確かなものとすれば，福永の想定を支持するものとなろう。
12) 森下「古墳時代仿製鏡の変遷とその特質」史林，74—6，1991
13) 八賀「仿製三角縁神獣鏡の研究―同笵鏡にみる笵の補修と補刻―」学叢，6，京都国立博物館，1984
14) 「舶載鏡」の場合，八賀はすべてに共通する笵傷と固有の笵傷があって，金属原型を踏みかえしたものと考えている。しかし，八賀の取り上げた唐草文帯二神二獣鏡について，筆者が改めて写真から判読した限り，笵傷は進行しているように見える。なお，八賀の検討を承けて上野勝治は，「同型鏡」の直径の差が大きいことから，手に入れた製品を使った踏み返しがあったと考えている。しかし，こうした例に挙げられた中には破片になった鏡や修復した鏡があって，直径のデータそのものに問題があることを考慮すべきである。状態のよい完形鏡によるか，細部の計測を重ねた上で再検討すべきである。上野「鋳造面からみた三角縁神獣鏡」古代学研究，128，1992
15) 福永「三角縁神獣鏡製作技法の検討―鈕孔方向の分析を中心として―」考古学雑誌，78—1，1992
16) 例えば田中『古鏡』＜日本の原始美術＞8，講談社，1979，62頁
17) 福永「三角縁神獣鏡の系譜と性格」（註10）
18) 西田「三角縁神獣鏡の形式系譜緒説」東京国立博物館紀要，6，1970
19) 白崎「三角縁神獣鏡の考察（その二）」，「三角縁神獣鏡の考察（その三）」（註6），岡村秀典「三角縁神獣鏡と伝世鏡」白石太一郎編『古代を考える　古墳』吉川弘文館，1989
20) 樋口『古鏡』新潮社，1979，238〜243頁
21) 岡村秀典「卑弥呼の鏡」都出比呂志・山本三郎編『邪馬台国の時代』木耳社，1990

倭の五王の鏡

奈良県立橿原考古学研究所
■ 清 水 康 二
（しみず・こうじ）

「倭の五王の鏡」にはA類と倣製のB類があり，5世紀代の大
王権を支えた2つの力が遺物として具現したものと考えられる

1 「倭の五王の鏡」とは何か

「倭の五王の鏡」とは，いったいどのような鏡を想定すればよいのだろうか。魏志倭人伝は，魏帝から親魏倭王卑弥呼にたいして銅鏡百枚が下賜されたことを伝えるが，中国南朝一劉宋に陸続と朝遣して除爵をうけた倭の五王への下賜品に鏡があったかどうか史書は黙して語らない。したがってまずは，倭の五王の活躍した5世紀代を中心に，同一の歴史的意義をもって古墳に副葬された鏡を定義する作業からはじめる必要があろう。

「倭の五王の鏡」の第一の候補は，倭の五王の対外交渉や国内活動の結果，日本列島の5世紀以後の古墳に副葬されたと考えられている一群の銅鏡である。古墳時代中期以降に特徴的な古墳副葬鏡として最初に注目されたのは画文帯神獣鏡であったが[1]，後さらに画像鏡・細線式獣帯鏡・半肉彫獣帯鏡なども加えられた[2]。しかし，劉宋代の踏返し鏡と考えられるこれら一群の銅鏡も，倭の五王との直接的関係が確信されるまでには至らず，畿内以外に分布の中心があるとの解釈から，各地方豪族の対外交渉の結果とされることも多かった。それが一転して，倭の五王との関係が注目されるようになったのは，埼玉県稲荷山古墳の辛亥年銘鉄剣にワカタケル大王の銘文が判明して[3]，熊本県江田船山古墳の鉄刀銘も同じくワカタケル大王と釈読されてからである[4]。

江田船山古墳には各地の古墳に数多くの同型鏡が知られる画文帯同向式神獣鏡・画文帯対置式神獣鏡・画文帯環状乳神獣鏡・神人車馬画像鏡・半肉彫獣帯鏡があり，稲荷山古墳にもやはり同型鏡をみる画文帯環状乳神獣鏡がある。両者の間に直接の分有関係はないが，これらの副葬鏡の背後にワカタケル大王の国内活動との密接な関係を読みとるには十分であろう。このうち画文帯同向式神獣鏡や画文帯環状乳神獣鏡を「雄略の鏡」とする意見もあるが[5]，他の同型鏡を検討すると，そこまで限定することにはやや問題が残る。

やはり同一の歴史的意義のもとに分布形成されたと考えられる画像鏡には，隅田八幡人物画像鏡の直接のモデルとなった鏡もある[6]。大阪府長持山古墳や福井県西塚古墳などに9面以上の同型鏡が知られる神人歌舞画像鏡がそれで，隅田八幡鏡の鋳型製作時には少なくとも1面が製作者の手もとに置かれていたと考えられている[7]。その銘文には大王名が鋳出され，稲荷山古墳の辛亥年銘鉄剣や江田船山古墳の有銘鉄刀と同様に，畿内大王権との密接な関係を示す資料といえよう。そしてモデルとなった神人歌舞画像鏡にも，やはり大王権とのかかわりを考慮せねばならない。しかし，隅田八幡鏡の製作年「癸未年」は443年か503年であろうから，記された「大王」はワカタケル一雄略とは考えがたい。したがってまずは，5世紀代の大王権を代表する形で「倭の五王の鏡」という呼称を用いるほうがよいと思う。

それでは「倭の五王の鏡」の条件とは，いったい何であろうか。厳密にいえば，大王名を記す何らかの資料と同時に副葬された鏡式とすべきであろうが，そうすると一群の同型鏡から細線式獣帯鏡など重要な鏡式が除かれてしまう。したがって，ここでは「古墳時代中期の須恵器・馬具などの副葬開始以後，同型関係を確認できる鏡」と規定しておきたい。もちろんそれに加えて「帯金具・垂飾付耳飾り・冠などの畿内政権との強い関係をうかがわせる遺物の共伴」がなければならない。この条件に該当するのは，画文帯環状乳神獣鏡・画文帯対置式神獣鏡・画文帯同向式神獣鏡・画文帯仏獣鏡・画像鏡・半肉彫獣帯鏡・細線式獣帯鏡の各鏡式，いずれも劉宋代の踏返し鏡とされる鏡群であって，これらを「倭の五王の鏡」A類としたい。ただ一つ問題になるのは，同型鏡が知られる鏡群に限定するのか，それとも古墳時代中期以後に出土する踏返し鏡をすべて含めるのかということである。ここでは後者の同型鏡を現在のところ見いだすことができない踏返し鏡まで含めて考える立場をとりたい。今後，この時期の古墳

出土鏡に同型鏡が見いだされてゆくなかで，「倭の五王の鏡」A類に新しい鏡式を加えることもあろう。

2 もう一つの「倭の五王の鏡」

ついで，以前から注意されてきた一群の同型鏡以外にも「倭の五王の鏡」といってよいものがあるかどうか考えてみたい。先に掲げた「倭の五王の鏡」A類を決定的に倭の五王と結びつけたのは，ワカタケル大王の銘を刻む鉄剣・鉄刀であった。そこで，同じく大王銘を刻す隅田八幡人物画像鏡を，まず候補にあげたい。もちろん隅田八幡鏡の製作主体者は厳密にいえば大王ではない。しかし，製作者が政権内で重要な地位を占め，また大王名を記すことは何らかの許可なくして許されなかったと考えられる。しかも先述の「倭の五王の鏡」A類では鉄刀・鉄剣に刻まれた大王の銘文を介して銅鏡に関連づけたが，大王名が銅鏡の銘文に鋳出される隅田八幡鏡の関係はより深いとされなければならない。要するに，隅田八幡人物画像鏡も十分に「倭の五王の鏡」の資格をもつといえよう。

隅田八幡鏡は「倭の五王の鏡」A類の一つ神人歌舞画像鏡を手本に製作された倣製鏡であるが，古墳時代前期の倣製画像鏡とは系譜において断絶があって，5世紀代に新たに舶載された鏡を原型に作られた倣製鏡である。前期の倣製画像鏡と大きく異なる点は，前期の倣製鏡では文様を描きはじめる前にコンパスなどによって精密に分割割り付けされているのにたいして，隅田八幡鏡の鏡背文様はある一点から描きはじめ鏡背分割の基準となる乳もその過程で配され，文様の割り付けという意識が欠如していることである。このことは，古墳時代中期以後の倣製鏡全体にいえる傾向でもあって，別稿で簡単に触れたことがある[8]。

そこで隅田八幡鏡以外にも，このような特徴をもつ鏡があるとすれば，それも隅田八幡鏡に準じる形で「倭の五王の鏡」といえるであろう。

隅田八幡鏡のように「倭の五王の鏡」A類を模作した鏡として，まず京都府久津川車塚古墳から出土した倣製画文帯環状乳神獣鏡があげられる。久津川車塚鏡は，画文帯環状乳神獣鏡のなかでも，埼玉県稲荷山古墳や群馬県観音塚古墳などに同型鏡が知られる踏返し鏡の1面を手本に製作された可能性がある。面径も近似し，内区文様もよく模倣している。鏡縁文様に渦雲文がうまく描かれていることも共通する。ただ久津川車塚鏡で画文帯を一周で描ききれずもう1帯内側に加えているのは，鏡背文様の正確な分割割り付けを欠如するために起きた事態と考えてよいだろう。また内区主文様でも，正確に分割されるはずの環状乳がまちまちの距離に配されている。古墳時代前期の倣製鏡であれば，久津川車塚鏡のような中国鏡を直接手本にしたような作品は，綿密な鏡背分割が施されている。以上の点からも久津川車塚鏡は隅田八幡鏡と製作原理を同じくすると考えてよい。

また，画文帯仏獣鏡を模写した倣製鏡もある。画文帯仏獣鏡には，通常の鏡体の外周に幅広い縁を付け加えて踏返した千葉県祇園大塚山古墳出土鏡（図1）があるが，これを直接模倣して製作された鏡が奈良県疋相西方出土の倣製画文帯仏獣鏡（図2）である。祇園大塚山鏡の通常の鏡体は長野県御猿堂古墳などに5面の同型鏡を確認できるが，疋相西方鏡とは幅広の縁や内区の仏像・獣像がよく一致するから，やはり同一の製作原理と考えてよい。

さらにもう一面，奈良県平林古墳出土の倣製画文帯仏獣鏡は，原鏡を忠実に模倣している点で同式鏡最良であるが，原鏡は2種ある画文帯仏獣鏡

図1 千葉県祇園大塚山古墳出土画文帯仏獣鏡
　　（宮内庁所蔵）

図2 奈良県疋相西方出土倣製画文帯仏獣鏡
　　（東京国立博物館所蔵）

のいずれか特定できない。古墳時代前期には，乳をめぐる蟠龍文をもつ画文帯同向式神獣鏡が画文帯環状乳神獣鏡と合成された倣製鏡，鼉龍鏡が製作されるが，蟠龍文だけが配される倣製鏡は少ない。隅田八幡鏡と同一の製作原理が用いられた平林鏡は，古墳時代中期以後の所産としてよい。また平林鏡より形骸化が進んでいるが，奈良県藤ノ木古墳・福岡県寿命王塚古墳・静岡県宇洞ヶ谷横穴などの出土鏡も同じ系列につらなる鏡である。

以上に数例をあげたが，「古墳時代中期以後，『倭の五王の鏡』A類を原鏡として，隅田八幡人物画像鏡と同一の製作原理で作られた倣製鏡」を「倭の五王の鏡」B類としたい。

3 まとめ

最後に数ある未解決の問題のなかで，配布・製作時期の問題に触れてみたい。一般に「倭の五王の鏡」A類は，5世紀代に中国南朝より日本列島にもたらされたと考えられている[9]。事実，祇園大塚山古墳出土の画文帯仏獣鏡のような幅広の縁を加えた鏡は，中国においても発見されていて[10]，新しい時期の踏返し技法の一つと理解してよく，中国大陸から輸入された鏡であることは確かであり，いつの時点で配布がなされたかが問題である。これについて川西宏幸は同型鏡の鏡背文様に残った傷の分析などから，たとえ踏返しが列島内でおこなわれたにしろ，その集積そして分散は短期間に終了したと推測している[11]。筆者も踏返し鏡の一部が国内で生産されたと考える立場から，配布時期は短期間であったとしたい。その帰結に従えば，上述の踏返し鏡とみられる同型鏡出土古墳の造営時期は5世紀中葉から7世紀初頭にわたっているが，その舶載・配布の時期は副葬古墳のうち最古の古墳に代表させてよいことになろう。

「倭の五王の鏡」B類については，久津川車塚古墳の造営年代が，副葬品や墳形などから5世紀中葉と考えられていることが決め手になる[12]。また祇園大塚山古墳の年代も，ON 46型式の須恵器を重視するかぎり5世紀中葉の時間幅におさまり[13]，祇園大塚山鏡を模倣した疋相西方鏡もそれ以前に製作された公算が大きいであろう。平林古墳の造営年代は6世紀中葉で，倣製画文帯仏獣鏡出土古墳にも，5世紀中葉にさかのぼる古墳はみあたらない。しかし，原鏡である中国製画文帯仏獣鏡の副葬は5世紀中葉にはじまっており，その

頃に配布も完了し各首長の手に渡っていたと考えられる。したがって，その倣製のすべてが5世紀中葉になされたと考えたい。もちろん入手先それぞれで倣製鏡を製作したとも考えられるが，そうであれば同一地域に中国製画文帯仏獣鏡と倣製画文帯仏獣鏡とが出土する例があってもよいはずだが管見ではみあたらないから，この考えが成立する可能性は小さい。以上のことを考えあわせると状況証拠が多いが，残る隅田八幡人物画像鏡の製作年代も，503年と考えるよりは，5世紀中葉である443年を推すほうがよい。

「倭の五王の鏡」B類の隅田八幡鏡は銘文からみて大王以外の者が製作主体で，他のB類も製作主体者は大王ではなかったと考えたい。おそらく製作主体者が畿内の工房に発注する形で，B類は製作されたのではなかろうか。これにたいしてA類の配布主体者が倭の五王に代表される5世紀の大王権とすれば，対照的な現象となる。しかし，5世紀代の鉄剣・鉄刀をみれば，千葉県稲荷台1号墳のような「王賜」の鉄剣[14]と辛亥年銘鉄剣のような政治的記念物との二つの性格があって，5世紀中葉の銅鏡の製作・配布も同様に理解できることを，ここで指摘したい。「倭の五王の鏡」A類とB類は，5世紀代の大王権を支えた二つの力が，遺物として具現したものと考えたい。

註

1) 樋口隆康「画文帯神獣鏡と古墳文化」史林，43—5，1960
2) 小林行雄「倭の五王の時代」『古墳文化論考』平凡社，1972
3) 樋口隆康「埼玉稲荷山古墳出土鏡をめぐって」『考古学メモワール』1980
4) 埼玉県教育委員会『稲荷山古墳』1981
5) 大泉町教育委員会『古海原前古墳群発掘調査概要』1991
6) 山田孝雄「隅田八幡宮古鏡について」考古学雑誌，5—5，1915
7) 小林行雄『古鏡』学生社，1960
8) 清水康二「鏡」考古学ジャーナル，321，1990
9) 註 2) に同じ
10) 洛陽博物館『洛陽出土銅鏡』文物出版社，1988，図版 5
11) 川西宏幸「同型鏡の諸問題」古文化談叢，27，1992
12) 平良泰久「山城」季刊考古学，10，1985
13) 白井久美子「祇園大塚山古墳の埴輪と須恵器」古代，83，1987
14) 市原市教育委員会ほか『「王賜」銘鉄剣概報』吉川弘文館，1988

特集 ● 鏡の語る古代史

倭鏡の製作

日本製の鏡はどのような場所で製作され，その後どういう変遷をたどったろうか。また鏡の作者はどういう人たちだったろうか

弥生時代仿製鏡の製作地／仿製鏡の変遷／倭鏡の作者

弥生時代仿製鏡の製作地

西南学院大学教授
■ 高 倉 洋 彰
（たかくら・ひろあき）

弥生時代における小形仿製鏡の製作地は北部九州を中心に広範な可能性が考えられるが，このことは首長権の内容にもかかわってくる

　日本人はどうやら鏡好きらしい。はじめて鏡に出会ったとき，自分では見ることのできない自分の顔を映してくれ，太陽のように光り輝く鏡の神秘に驚き，その感情は畏怖へと昇華したと思われる。その神秘を畏怖する心が，はじめて鏡に接した弥生時代の人びとにとってそれを権威の象徴にさせ，今でも神殿の真ん中に置かれた鏡や，神輿の周りに垂れ下げられた鏡に残されている。

　日本列島に生きた人びとがはじめて銅鏡にめぐりあったのは弥生時代前期末のころで，朝鮮半島製の多鈕細文鏡であった。しかし，最古の例と判断される福岡県前原市三雲南小路1号甕棺墓にすでに35面以上が一括して副葬されていたように，やや遅れた中期後半になって本格的に鏡を好むようになる。そして三雲以後，銅鏡は中国鏡が主流となる。

　まず北部九州に受け入れられた前漢鏡は三雲南小路1号甕棺墓の遺構や遺物が示すように，はじめから首長権の象徴としての性格を有していた。その性格は以後に継続するが，そのことが北部九州弥生後期社会の成長とともに，ひとつの問題を生じさせてきたと思われる。それは社会の各層それぞれにそのランクに見合った首長ないしはそれに準ずる地位を登場させてきたことである。それ

は首長権の象徴としての銅鏡の需要の拡大にほかならない。後漢からの補給がそれに応じられなくなってきたとき，北部九州が考えた対応策が中国（前漢・新・後漢）鏡の分割であり，そして銅鏡の自己生産であった。

1 仿製鏡製作地の見通し

　弥生時代の人びとが自ら生産した銅鏡を筆者は弥生時代小形仿製鏡としている。「小形」は現在知られている約200面におよぶ例のほとんどが面径10cm以下の小銅鏡であることによる。その分布は北部九州を中心にしており，韓国慶尚北道漁隠洞遺跡から群馬県藤岡市塚原遺跡におよぶ範囲で出土している。鏡背文様の内区に内行花文（連弧文）を配する例がそれらの4分の3を占めることから，筆者はそれを内行花文日光鏡系仿製鏡（小形内行花文仿製鏡）とし，内行花文帯と銘帯（その変化した図文帯）との位置関係や面径，縁の幅や形を主な手がかりとして3型式6類に分類し，残りの4分の1の鏡式もそれに対応して考えている。

　以下に述べようとする製作地については，背文構成の形式差や分布圏の相違などから，第Ⅰ型鏡a類（図1—1）を韓国慶尚北道地方，第Ⅰ型鏡b

59

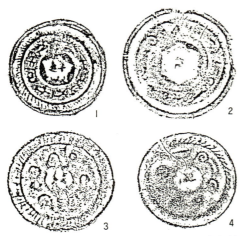

図1 内行花文日光鏡系仿製鏡第Ⅰ型a類の例（1/2大）
1 韓国漁隠洞，2 福岡県統命院，3・4は韓国漁隠洞・坪里洞と同笵関係にある重圏文日光鏡系仿製鏡第Ⅰ型の例（3 佐賀県二塚山Ⅱ，4 大分県石井入口Ⅱ）

類・第Ⅱ型鏡（図2）を北部九州地方，第Ⅲ型鏡（図3）を瀬戸内～近畿地方の3地域に，それぞれ分けて考えることができるという見通しをもっている。第Ⅰ型鏡a類は韓鏡であるが，出土例に北部九州の製作と判断できるものがあり，したがってa類も弥生時代仿製鏡に加えておく。

2 北部九州出土の銅鏡鋳型

弥生時代小形仿製鏡の製作地を考える場合に鋳型の出土が重要な参考になることは論をまたない。そして幸いにも鋳型が春日市須玖坂本・須玖永田および朝倉郡夜須町ヒルハタの，いずれも福岡県内の3遺跡で出土している。

須玖坂本遺跡は中期後半の王墓として知られる須玖岡本D地点甕棺墓の北東にあり，須玖遺跡群の中枢にもっとも近い後期の工房遺跡である。周りを溝で囲んだ工房の遺構や，鏡・鐸・戈・鏃ほかの多種の青銅器鋳型やガラス勾玉鋳型，それに取瓶や銅滓などの生産関連遺物が出土している。

銅鏡鋳型は笵面を完存させているが，砥石に転用されたために表面が擦り減っており，鏡背文様が朦朧として細部が明瞭でない。しかしわずかに残された浮彫状の8弧からなる内行花文（連弧文）や，やや幅広になった平縁から，内行花文日光鏡系仿製鏡第Ⅱ型a類に属することがわかる。面径は8.5cmほどになる。面径が異なるが，長崎県対馬のハロウA鏡（図2-4）を彷彿とさせてくれる。

同じ春日市の須玖永田遺跡から出土した銅鏡鋳型は弥生時代仿製鏡鋳型の初出例でもある。須玖岡本遺跡の北方約300mにある。直線に走る溝で工房地区は他と区画され，さらに工房地区の内部においても工房とみられる掘立柱建物は周りを溝で囲まれている。この調査では銅矛袋部の内側を中空に作り出すための中型（中子）がはじめて確認されたことが特筆できる。取瓶や銅滓などの青銅器生産関連遺物が出土している。出土の土器から遺跡は弥生時代後期中頃にはじまり，古墳時代初頭には廃絶したと推測されている。その中心は後期後半～終末にあり，福岡平野における青銅器生産の終焉を示す遺跡である。

銅鏡の鋳型は2片からなり，面径約8cmの鏡に復原できる。鏡背の文様部分はほとんどが失われているが，2条の弧線で5～7弧ほどの内行花文を表わしている。したがって内行花文日光鏡系仿製鏡第Ⅱ型b類の例となる。文様を構成する各部の特徴は，大分県竹田市小園遺跡出土鏡（図2-10）と通ずるところが多いと指摘されている。

内行花文日光鏡系仿製鏡第Ⅱ型b類が副葬されていた後期終末の長崎県下県郡豊玉町（対馬）のハロウ遺跡B地点2号箱式石棺墓や上県郡峰町木坂5号箱式石棺墓では広形銅矛を共伴していた。後期終末頃に銅鏡と銅矛の鋳造を確認できる須玖永田遺跡はその有力な供給元の候補地となる。

須玖坂本遺跡・須玖永田遺跡のある春日市はよく知られているように，弥生時代最大の青銅器生産センターであり，ここからの鋳型の出土は十分に納得できる。その点，福岡県朝倉郡夜須町ヒルハタ遺跡から銅鏡鋳型出土の報を受けたときには率直に言って意外な感じがあった。しかしながら夜須町内からこれまでにも銅剣（天道町）・中広銅戈（中原前）・有鉤銅釧（宮ノ上）の鋳型が出土していて，ある程度の青銅器製作拠点として考慮できる。

ヒルハタ遺跡は須玖遺跡群のある福岡平野部とは三郡山塊から東西に連なる山地で遮られた，筑後平野に臨む地域にある。河岸段丘の縁辺部に立地する遺跡のほぼ全域が調査され，弥生時代後期中頃から古墳時代初頭にかけての住居跡395棟が検出された，大規模な集落遺跡である。鋳型は227号住居跡内の土壙から投棄された状態で出土したが，この建物が工房であることを示す青銅器生産関連遺物は何もない。

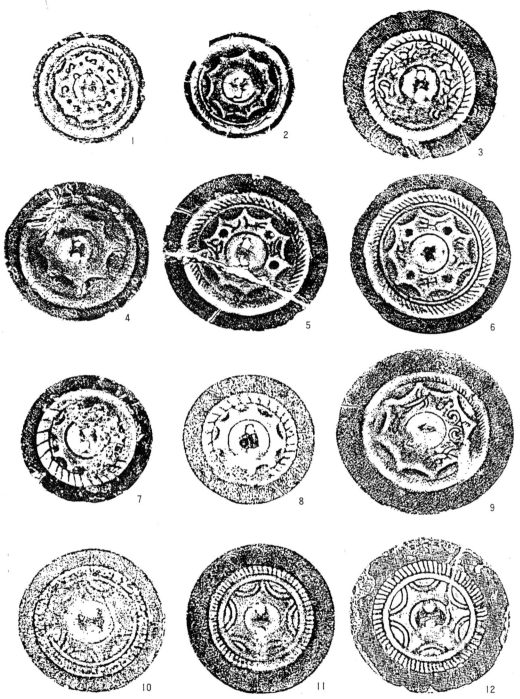

図2 北部九州での鋳造と考えられる諸例（1/2大，いずれも内行花文日光鏡系）
1佐賀県惣座Ⅰ，2長崎県佐保浦赤崎（以上Ⅰb），3佐賀県二塚山Ⅰ（Ⅱ′），4長崎県ハロウA，5佐賀県白壁白石，6韓国（出土地不明），7長崎県タカマツノダンⅢ，8熊本県方保田東原，9福岡県採銅所宮原（以上Ⅱa），10大分県小園，11長崎県ハロウB，12福岡県山田後山（以上Ⅱb）

鋳型はおそらくこれまでに出土した例の中でもっとも完存する例であろう。砂岩系の石材を用いているが、鏡の笵面を正面とすれば、背面に実物をこれまでに知られていない十字形銅器、側面には鏡形湯口の面に勾玉＋鏃、湯口の左右の面にそれぞれ鏃というように、6面中5面に笵面が彫り込まれている。肝腎の鏡笵は面径9.3cmで、深く彫り込まれていて、鏡背文様の残りもきわめて良い。背文は鈕＋内行花文帯＋図文帯＋櫛歯文帯＋平縁（幅広）の組合せで構成されていて、その順序は内行花文日光鏡系仿製鏡第Ⅰ型に通じているが、全体の印象は第Ⅱ型そのもので、筆者が第Ⅱ′型として分類している例である。佐賀県神埼郡二塚山遺跡出土の二塚山Ⅰ鏡（図2－3）に実例があり、面径 8.5cm とヒルハタ鋳型に比較すればやや小さいが、背文構成や図文帯の表現は酷似している。

ヒルハタ遺跡から出土した鋳型から鋳造される銅鏡は類例の少ない系統に属し、しかも文様意匠の通じる例はこれまでのところ1例のみが知られているに過ぎない。とはいうものの北部九州弥生時代小形仿製鏡の大部分を占める第Ⅱ型鏡とは歴然とした違いを見せている。したがって、夜須町城の一帯に、小規模ながらも独自性をもった鏡作りの製作拠点を想定することに無理はあるまい。

3 北部九州製銅鏡の型式

弥生時代後期中頃以降の北部九州に仿製鏡が多数分布している。それらのほとんどは内行花文日光鏡系仿製鏡第Ⅱ型である。その鋳型がa類・b類ともに北部九州における青銅器生産の拠点である春日市須玖遺跡群から出土したことには意味があろう。

それは鏡の同笵関係にも反映している。これまで慶尚北道地方一帯の製作とした重圏文日光鏡系仿製鏡第Ⅰ型（図1－3・4）に2組、内行花文日光鏡系仿製鏡第Ⅱ型に5組の同笵関係が知られているが、後者は第Ⅱ型a類が福岡市弥永原鏡と長崎県対馬のタカマツノダンⅢ鏡（図2－7）、福岡県甘木市平塚川添鏡と佐賀県三養基郡白壁白石鏡（図2－5）、佐賀県佐賀郡礫石鏡と国立慶州博物館蔵の菊隠李養璿収集鏡（図2－6）、福岡県田川郡採銅所宮原鏡（図2－9）と奈良県宇陀郡沢池奥四号墳東棺鏡、b類は福岡県朝倉郡山田後山鏡（図2－12）と熊本県菊池郡西弥護免鏡にある。こ

のように須玖岡本遺跡に近接する弥永原鏡をはじめ下線を付した同笵の一方が北部九州にある。

こうした同笵例のほかに、弥永原・タカマツノダンⅢ鏡と同笵とみまごう酷似した背文をもつ例（図2－8）が熊本県山鹿市方保田東原遺跡から出土していて、同じ工房における鋳造を考えさせる。同様に互いに同笵関係の例をもつ図2－5・6も文様の配置や形状が酷似していて、やはり同じ工房の所産と考えられよう。第Ⅱ型b類は、弧文の数や配置が相違しほとんどは同笵にならないが、意匠そのものの酷似から一元的な製作をうかがわせている。こうしてみると、須玖坂本・永田遺跡からの鋳型の出土が物語るように、北部九州、ことに須玖遺跡群において仿製鏡を盛んに製作していたことを反映しているのであろう。

大多数を占める第Ⅱ型鏡鋳型が青銅器生産センターの須玖遺跡群で出土したのに対し、絶対的な少数派の第Ⅱ′型鏡鋳型は青銅器生産の過疎地である朝倉地方で出土している。これはそのままに北部九州における銅鏡製作が須玖遺跡群、すなわち奴国の主導のもとに行なわれていたことを物語っている。ただ、ヒルハタ遺跡での銅鏡製作が須玖鏡作り集団による出吹きではなかったろうことを、鏡背文様の独自性が主張している。現状をそのままに評価すれば、第Ⅱ型が須玖ブランドであったのに対し、第Ⅱ′型は夜須ブランドであったということであろうか。

述べてきたように、内行花文日光鏡系仿製鏡（小形内行花文仿製鏡）第Ⅱ型の製作地の一点を北部九州、ことに須玖遺跡群を中心とした福岡平野部に求めることは鋳型そのものの出土から問題ない。加えて福岡平野部からやや隔たった朝倉地方の夜須町ヒルハタ遺跡での鋳造も確認できている。したがって内行花文日光鏡系仿製鏡第Ⅱ型の直接的な祖型である第Ⅰ型b類（図2－1・2）や、第Ⅰ型a類の中でも韓国慶尚北道漁隠洞鏡とは背文表出の特徴を異にする福岡県統命院鏡（図1－2）、さらに内行花文帯を有しないものの諸特徴を第Ⅱ型に通じさせる例をも、北部九州での鋳造を予測しうるのである。

韓国慶尚南道金海良洞里遺跡の162号木槨墓に副葬された8面の仿製鏡に関して、これを朝鮮半島製であるとする調査団の見解が発表され、それに対応して製作地の再検討の提起をされたことがある。この8面は発表された例をみる限り内行花

文日光鏡系仿製鏡第Ⅱ型 a・b 類であるから，再検討論は第Ⅱ型の製作地を北部九州とせずに，朝鮮半島の南部に求めようとするものにほかならない。しかしこの議論は不毛である。すでに指摘したことがあるが，銅鏡だけを例にとっても，北部九州と朝鮮半島南部とは種類のみならず，変遷から用法にいたるまで共通性をもっている。背景をなす社会・文化の濃厚な交流がそこにある。つまり両地には，第Ⅱ型鏡に対する知識も，青銅器製作の技術も同様にあり，したがっていずれにも同等の製作能力がある。要は，必要とする地域がどこであるのかを分布の濃淡から汲み取り，さらに実際に製作したことを証明できればそれでよい。その結果が一方であったり，あるいは双方であれば，それにしたがって判断すればよいことである。この点の評価において，当初飛躍していた調査団の見解に変更がみられ，研究史と第Ⅱ型鏡の把握を抜きにした再検討論を無用のものにしている。

4 北部九州以外での銅鏡製作の可能性

それでは第Ⅰ型 a 類の一部を除いた弥生時代小形仿製鏡はすべて北部九州で製作されたのかというと，そうではあるまい。

内行花文日光鏡系および重圏文日光鏡系仿製鏡（図3—1・2・4）では，愛媛県・岡山県・島根県から群馬県にかけて分布する第Ⅲ型が，北部九州以外での鋳造を考慮しうる候補となる。またその他の種類では重圏文鏡（図3—3）にその可能性がある。重圏文鏡の分布は第Ⅲ型とほぼ重複するが，やや西に広がり，九州でも福岡県京都郡谷遺跡出土鏡および伝豊前出土鏡の2例がある。これらについては分布圏の広域さにもかかわらず例数が少なく，製作地を特定するにはいたらないが，瀬戸内・近畿，さらには東海などに求めうるのではないかと見通している。

ところで筆者はこれまで弥生時代小形仿製鏡としてきた。それは出土例のほとんどが面径 10 cm に満たない小銅鏡であること，弥生時代の仿製鏡には小形の例しかないことによっている。大形の一群があれば「大型」「小型」の対置が可能であるがそれがなく，小形であること自体を弥生時代仿製鏡の特徴として認めたからである。

最近，福岡県前原市平原遺跡の報告書が刊行された。報告者の時期判断は不明だが，この方形周

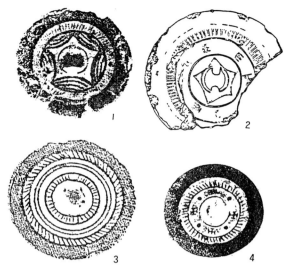

図3 九州以外での鋳造と考えられる諸例
1 石川県次場，2 岡山県百間川原尾島，3 大阪府鷹塚山，4 大阪府亀井

溝墓を弥生時代後期終末（紀元3世紀代初頭頃）とする時期観が定着しつつあるし，筆者自身もそのように考えている。であるならば，ここから出土した面径 46.5 cm の内行花文八葉鏡は弥生時代の所産になり，大型仿製鏡が存在することになる。そこで製作地が問題となるが，銅鏡のみならず青銅器生産を実証する資料をほとんど欠いている糸島平野部はもちろん，須玖遺跡群主導下の福岡平野部においても，これだけの大形の銅鏡を製作しうる技術の存在を裏付ける資料がない。それは他地域でも同様で，大形の銅鐸を鋳造した近畿地方に一日の長があるかも知れないと感じるが，重圏文鏡がもし近畿で鋳造されたのであれば櫛歯文鏡・素文鏡にいたるまで面径をひたすら縮小させる方向性がそこにうかがわれ，矛盾を抱えることになる。ともあれ資料整備の段階からみて，現状で製作地を云々するには尚早であろう。

銅鏡の製作地を論ずることは，三角縁神獣鏡の場合を除いて，あまり活発ではない。だが，銅鏡のもつ首長権の象徴としての性格が否定されない限り，検討するべき重要課題であろう。首長権を象徴する器物を誰もが自由に製作できたのか，そこに一定の，あるいは厳重な規制が加えられていたのか，それを解明することが首長権の内容の軽重を明らかにしうる手段のひとつになるからである。今後の製作地論争を期待してやまない。

仿製鏡の変遷

京都大学文学部助手
■ 森下章司
（もりした・しょうじ）

3段階にわけられる古墳時代の仿製鏡の変遷にはひとつながりの
流れが認められる。製作の中心は畿内にあり続けたと考えられる

古墳時代の仿製鏡の変遷はおおよそ3段階に分けて理解できる。4世紀，4世紀末〜5世紀中葉，5世紀後葉〜6世紀に区分するものである。各段階で，鏡の種類が大きく入れ替わるほか，古墳への副葬状況，分布，共伴する中国鏡などにも変化が認められ，古墳時代の鏡全体の様式的な変化をとらえることができる。

従来は，中国鏡を忠実に模倣したものから変形が進んだものへ，大型品から小型品へというように古墳時代の仿製鏡全体が一系列的に退化したものととらえられてきた。こうした変遷観はまた，古墳時代の鏡のもつ意義も4世紀を頂点として直線的に低下していったものとする理解につながっていた。しかし中国鏡を模倣したのは一時の機会に限られるものではないし，また近年の出土例や研究から，古墳時代の早い段階から重圏文鏡や珠文鏡のような小型の鏡が出現していたことが明らかとなってきた[1]。文様の退化の過程は，一種類の内区文様を引き継いでいった鏡群（これを系列と呼ぶことにする）の中でのみ当てはまり，仿製鏡全体の変遷に単純に適用することはできない。多数の系列が生起と退化と消滅とを繰り返したというのが実態である。

そうした複雑な変遷をひもとく鍵として，筆者は鏡の一番外側の文様，すなわち外区文様の推移を整理することが有効と考えた[2]。少ない要素で複雑な変遷を整理でき，とくに仿製鏡の変遷でこれまで見落されてきた5世紀後葉以降の鏡群を明瞭に区分できる点が利点である。またこの変化は，縁部形態のような模倣されにくい要素の変化とも結びついている。外区文様の変化を機軸に，系列の変化と他のさまざまな文様の変化を対照して仿製鏡全体の編年を組み立てることが可能である。

ただし鏡は長期にわたって用い続けられ，また使用から副葬にいたるまでの期間もまちまちであったものと推測する。そこで型式学的な検討と，出土古墳の年代の双方を加味してもっとも合理的

なモデルを組み上げ，さらに資料の増加を待って改良を加えてゆく，というのを基本的な方針としている。以下はそうしたモデルに基づいた仿製鏡の変遷観である。

1 編年

この外区文様の変遷を軸とした仿製鏡の変遷をおおまかに整理すると次頁の図1のようになる。なお外区文様のうち複数の文様で構成されるもの，たとえば鏡の縁部に近いほうから鋸歯文＋波文＋鋸歯文となるものは，頭文字をとって鋸波鋸文というように省略名称を用いている。

4世紀　重圏文鏡（1）は，古墳時代の仿製鏡の中でもっとも早くに現われたものと思われる。やがて菱雲文を外区文様にもつ単頭双胴神鏡系（2）や方格規矩四神鏡系（3），あるいは外区は素文の内行花文鏡系の仿製鏡が登場する。直径20cmをこえるような大型品が多い。仿製三角縁神獣鏡（4，8）もほぼ同じ時期に現われたものと思われる。これらの系列の内区文様は急速に退化し，それとともに斜縁鋸波鋸文のような比較的簡略な外区文様が用いられるようになる（5〜7）。さらに単頭双胴神鏡系の文様の一部を利用したり，共通の表現をもつ系列が現われ（10〜12），それらは突線付鋸鋸文を外区にもつもの（10，12）が多い。このほかに中型品で六花文や七花文などの内行花文鏡系の仿製鏡（13）やさらに小型の珠文鏡系の仿製鏡が多数作られるようになる。外区文様は素文が主体であるが新しい形式では，突線付鋸鋸文や鋸文（13）などがめだつ。このように鋸歯文主体となっていくのが，4世紀の外区文様の主要な変化である。

4世紀末〜5世紀中葉　突線付鋸鋸文や鋸文を外区に用いた系列は5世紀初頭に残るが，5世紀の仿製鏡の外区文様は斜縁鋸波鋸文に関連するものが主体である。中心となる系列は斜縁四獣鏡B系（14）である。珠文鏡系など小型の仿製鏡の外区にも，鋸波文など斜縁鋸波鋸文の省略形が採用

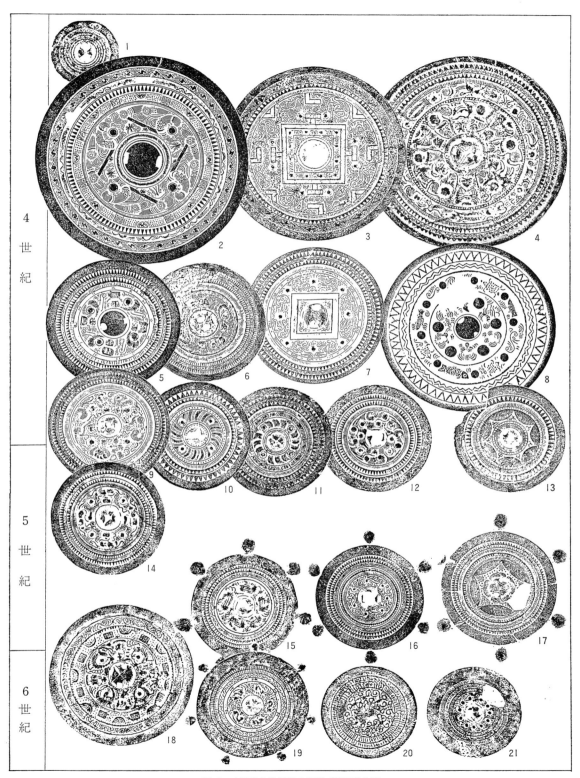

図 1 古墳時代仿製鏡の変遷（縮尺約1/4）

される。

5世紀後葉〜6世紀　斜縁鋸波鋸文は5世紀中葉頃から変形が進み，鋸鋸波文と呼ぶ文様構成の入れ替わった外区文様が生み出され，旋回式獣像鏡系 (15, 19)，乳脚文鏡系 (16, 20, 21)，内行花文鏡髭文系 (17) など5世紀後葉に現われる新しい系列に共通して用いられている (15〜17)。その後，省略が進んで鋸歯文のかわりに櫛歯文を用いて櫛櫛波文となったもの (19)，さらに波文を省略したり (20)，文様構成の入れ替ったもの (21) が現われる。交互式神獣鏡系 (18) もこれらと平行して存在した系列であるが，外区文様には独自のものを用いている。

2　4世紀の仿製鏡

多種多様と表現するしかないほど，4世紀の古墳にはさまざまな種類の鏡が副葬されている。しかしそうしたヴァラエティの中には，一つの製作者集団の中でさまざまな文様の鏡が作りわけられていたことによる差とともに，製作者集団そのものの違いを推測させるような差も見いだせる。現状では，古墳時代の鏡の製作地や製作状況を示す遺構や遺物はまったく検出されていないため，鏡自体の観察によって推測するほかはないのであるが，複数の製作者集団が4世紀には存在した可能性が強い。

どのような場合に同一の製作者集団の産物としてとらえられるかという点については，近藤喬一[3]や田中琢[4]の研究によって，さまざまな文様の共通性がとりあげられてきた。4世紀の仿製鏡の大多数を占めるのは，そうした共通の文様によって結びつけられる鏡群に属する。筆者が方格規矩四神鏡系，単頭双胴神鏡系と呼んでいる系列はその代表格で，方格規矩四神鏡系仿製鏡に表現された鳥文や外区文様，単頭双胴神鏡系仿製鏡にみられる神像の頭部表現は他のさまざまな系列にも共通するのである。このようにして結びつけられる系列群は，4世紀の仿製鏡の中で量的に大多数を占めるので，中心系列鏡群と呼んでいる。

一方，三角縁神獣鏡系の仿製鏡はそれとはかなり特徴を異にする系列である。荒い鋳造技術，細かい仕上げの研磨をほとんど省略し，鋳張りや縁部を削った跡をそのままに残すような成形方法，銘文の存在などの点で，優秀な鋳造技術を保つ中心系列群とは大きく異なる。こうした技術の差は

図2　福岡県一貴山銚子塚古墳出土　仿製三角縁神獣鏡
（径 21.2 cm）

製作者集団の系統の差につながる可能性が強いものと考える。

製作技術という点では，福岡県平原(ひらばる)遺跡出土の内行花文鏡の大型仿製鏡[5]や奈良県天神山古墳出土の2面の仿製鏡[6]も興味深い資料である。平原鏡は大きさの点では傑出しているが，縁部の成形法に特徴があり，中心系列鏡群との関連は薄く，その先駆的存在とも見なしにくいものと考えている。天神山鏡も文様，鋳造技術の両面で，中心系列鏡群の仲間には入れにくい。また大きさや文様に規格性のある三角縁神獣鏡系の仿製鏡とも特徴を異にする。

4世紀の仿製鏡生産には複数の系統の製作者集団が関わっていた可能性を考えたい。そうとしても中心系列鏡群と三角縁神獣鏡系の仿製鏡はしばしば畿内の古墳では共伴しており，畿内の中では流通に大きな差はなかったようである。おそらくまったく別々に分かれて存在した製作者集団ではなかったものと思われる。

3　4世紀末〜5世紀中葉の仿製鏡

多彩な系列のほとんどは4世紀末に姿を消す。それにかわって新たに登場する系列はわずかであり，5世紀の中葉まで，有力な系列と言うべき存在はあまりない。それに対応して，各地の古墳でも，とくに5世紀中葉頃の古墳については，大型の古墳や他の副葬品についてはきわめて豊富な内容をもつ古墳でも，鏡は少数しか副葬されていな

い場合が多い。

　数少ない系列の中で斜縁四獣鏡Ｂ系と呼んでいるものは，各地の大型古墳に副葬されている例が比較的目だつ。この鏡は中国製の斜縁四獣鏡の文様を比較的忠実に模倣したもので，他の鏡式の文様を混用することがない。そのため４世紀の仿製鏡と比較すると簡素な印象を与える。さまざまな単位文様を華麗に組み合わせる例のめだつ４世紀の中心系列鏡群とは特徴を異にしている。鏡の文様に対する新たな好みのあらわれとみておきたい。

4　5世紀後葉〜6世紀の仿製鏡

　5世紀後葉に仿製鏡の変化のもっとも大きな画期が求められる。旋回式獣像鏡系，乳脚文鏡系，交互式神獣鏡系という３つの系列が登場し，量も増加する。5世紀の末には仿製鏡生産はまったく衰えてしまったものとする見解もあるが，この時期に復興したものとみるべきである。

　この新しく登場する仿製鏡と，やはり5世紀後葉頃に登場して普及するいわゆる踏み返し鏡との間に関連があることが明らかとなってきた。踏み返し鏡とは，5世紀後葉〜6世紀の古墳から多く出土する対置式神獣鏡，環状乳神獣鏡，画像鏡などの中国鏡で，文様の表出は模糊としたものが多い。小林行雄は中国の南朝との交渉によって入手された鏡と推定している[7]。

　旋回式獣像鏡系の原型は，乳がないという特徴や獣像の表現などから対置式神獣鏡の踏み返し鏡を模倣して生み出されたものと推定される。交互式神獣鏡系も神像の表現などが，画文帯仏獣鏡の踏み返し鏡とよく似ている。奈良県平林古墳出土の仿製鏡[8]は，画文帯四仏四獣鏡を比較的忠実に模倣したもので，交互式神獣鏡系との関連がうかがわれる。

　この時期の仿製鏡の大きな問題は，いわゆる「鈴鏡」がどこで製作されたか，という点であろう。従来，鈴鏡が関東地方に多数分布することから彼の地で製作されたものとする意見がかなり有力であった。もしそうだとすれば，古墳時代後期の関東において，そうした宝器の生産を独自におこなっていた勢力の存在を想定することになり，この時期の中央と地方との関係についても大きな問題をはらむ材料となる。

　ところがまず，「鈴鏡」という分類自体が問題

である。他の仿製鏡については文様を基準に分類されているのに，鈴鏡は鈴がつくかどうかという別の基準で抽出されたものである。しかも同時期の他の仿製鏡とは十分な比較がなされていない場合が多い。

　鈴の有無は製作にかかる手間の違いにはつながるが，必ずしも製作者集団の違いを分ける要素ではない。同時期の仿製鏡全体を見渡してみると，全く同じ文様で鈴のつくものとつかないものがある。仿製鏡の文様は不安定で変わりやすい要素であり，製作者に差があれば文様の方にこそなんらかの違いがあらわれるだろう。おそらく同じ製作者集団の中で鈴のつくものとつかないものが作り分けられていたと考える方が妥当であろう。そしてこの時期の仿製鏡は各地に均等に分布するのが特徴であり，とくに関東地方に製作を特定できる根拠はない。

　仿製鏡の変遷は，曲折はあるけれども，一応ひとつながりの流れを認めることができる。おそらく製作の中心は畿内にあり続けたものと思われる。地方生産を問題とするならば，中心となる系列群から明確に分離できる特徴をもち，地方に分布のまとまる系列を検討すべきであろう。そうした系列が全く無いわけではない，とも私は考えている。

　註
1）　林原利明「弥生時代終末〜古墳時代前期の小形仿製鏡について―小形重圏文仿製鏡の様相」東国史論，5，1990
2）　森下章司「古墳時代仿製鏡の変遷とその特質」史林，74―6，1991
3）　近藤喬一「三角縁神獣鏡の仿製について」考古学雑誌，59―2，1973
4）　田中　琢『古鏡』日本の原始美術8，1979
5）　原田大六『平原弥生古墳　大日孁貴の墓』1991
6）　伊達宗泰・小島俊次・森　浩一『大和天神山古墳』奈良県史跡名勝天然記念物調査報告2，1963
7）　小林行雄「倭の五王の時代」『古墳文化論考』1976
8）　千賀　久編『大和の古墳の鏡』1992，49頁
挿図出典（図1）
1，13，14，20，21：富岡謙蔵『古鏡の研究』1920
2，5，8：宗像神社復興期成会『続沖ノ島』1961
3：大塚初重・内藤　晃『三池平古墳』1961
10，11，12，15，16，19：
　　三木文雄編『日本原始美術』6埴輪・鏡・玉・剣，1966
18：静岡県教育委員会編『掛川市宇洞ヶ谷横穴墳発掘調査報告』静岡県文化財調査報告第10集，1971

倭鏡の作者

早稲田大学埋蔵文化財調査室
■ 車崎正彦
（くるまざき・まさひこ）

倭王権膝下の工房で意外に数少ない作者が製作した古墳時代の倭
鏡は，倭王権の政策ともふかくかかわり各地の首長に下賜された

　古墳時代につくられた倭鏡は数千面以上を数え
たとおもうが，田中琢が「多種多様にみえる倭鏡
も，おそらく畿内で，ごく限られた人びとによっ
て製作されていた」と推察するごとく倭鏡作者が
意外に少なかったとすれば[1]，いま知られる倭鏡
のなかに同じ作者の作品をみいだす試みも無謀の
企てと一蹴することもあるまい。はたして原田大
六は，鏡背図紋に近似をみる倭鏡を「類似鏡」と
呼び「同一工人の作」とさえ説いたが，着想をさ
らに展開することはなかったようである[2]。原田
の視点をいっそう進めた川西宏幸は，「作鏡工人
がちがっていたとしても……同じ工房に所属する
というような親縁な関係」を認めうる「描法の近
似する鏡」を「同工鏡」と仮称したうえで「同笵
鏡のばあいと同様な視点でとらえうる」と提言し
た[3]。ただ川西の目途は倭鏡作者の特定にあった
わけでなく，この観点への不徹底にたいして荻野
繁春の批判もあるが[4]，ともあれ同工鏡の提唱に
よって倭鏡の作者あるいは製作集団の把握を論拠
とする古墳時代研究の新たな視座がひらかれたこ
とは疑いなく，同工鏡論の今後は認定基準の確立
と研究展開の方向策定にむかうべきかとおもう。
　もとよりこの進路においても近藤喬一が逸早く
実践して田中琢が継承敷衍した倭鏡系譜の追跡確
認が軽視を許されぬ重大課題にかわりはなく[5]，
路線を遵守する優れた成果に富岡謙蔵以来の蓄積
を踏まえて倭鏡系譜を見事に整理した森下章司や
三角縁神獣鏡作者の系図を鮮やかに解読した岸本
直文の業績などがあり[6]，また福永伸哉が鈕孔形
態の同異から主張する作鏡集団の把握も今後の展
望をひらく視点にちがいない[7]。
　大仰な言辞を綴るほど私案に論じるところはな
いが，つぎに倭鏡作者に幾許かでも迫るべく思考
をかさねることにしたい。

1　倭鏡作者の認定

　倭鏡が中国鏡の模作を起点に製作開始されたこ
とは富岡謙蔵が逸早く立証したとおりであるが[8]，
さらに仔細にみるならば中国鏡からの離脱の過程
はそれほど単調ではない。しかし倭鏡編年を至難
にするかにもみえる離脱方向の屈折錯綜は，作者
個人を識別特定する試みにとってはむしろ有力な
手懸りかもしれない。また同じ意匠を描写の倭鏡
でありながら鏡背図紋の描法を違えるため異質の
感をうけることもあるが，これも観点をかえてみ
れば作者同定の有力な糸口であるかにおもえる。
そもそも作者の特定を試みるばあい個性・クセの
認定把握が要請されるにちがいなく，むしろその
認識の理非が企ての成否を決するといってもよ
い。かつて人物埴輪の作者同定にはじめて成功し
た小林行雄は埴輪製作者の個性を「作風」と表現
したが[9]，これに倣って倭鏡作者のクセも作風と
呼ぶことにしたい。さらに加えて複数の作者に共
有される特異な排他的な手法表現を認知しうるな
らば，そこには集団内で伝授伝達された「流儀」
を認めたいとおもう。つまり図式的にいえば，作
風の同異によって峻別特定される倭鏡作者は，流
儀の共有を通して集団帰属が確認されることにな
る，と理解したいのである。
　ところで作風は倭鏡製作のさまざまな過程に発
現するにちがいないが，なかでも振幅変異の大き
さからみて鏡背図紋に示される作風がもっとも把
握し易く確度も高いとおもう。問題といえば認定
基準から恣意を排除する客観的根拠を示しがたい
ことであるが，この難題を完璧に払拭することは
企て自体の性格からして至難であり，異論の余地
を容認したうえで厳格を期す便法にまずは従っ
て，作者同定の試みを少しく示すことにしたい。

2　鼉龍鏡の作者

　まず三宅米吉の命名に従って鼉龍鏡と呼びなら
わす一群の倭鏡をとりあげると，２形式（環状乳
神獣鏡と同向式または求心式神獣鏡）の画紋帯神獣鏡
の図像を併せ換骨奪胎して模作の怪異な意匠を鏡
背に刻す鼉龍鏡は倭鏡のなかでもひときわ際立つ
が，少し詳しくみれば幾つかの作風をみいだせ

図1 鼉龍倭鏡（山梨県八代町岡銚子塚古墳出土鏡）

図2 鼉龍倭鏡（京都府八幡市東車塚古墳出土鏡）

る。樋口隆康は鼉龍鏡の「基本型がくずれて，諸要素のあるものが脱落して行く程度に」時間的変遷を想像するらしいが[10]，樋口が「基本型」とみるⅠ型も細部には変化があって，むしろ作風を同じくする作品がさらに推移を示す好例とみるほうがよい。この作者を作者Ａと呼ぶことにすれば，作者Ａの作品として奈良県新山古墳鏡／滋賀県雪野山古墳鏡（巻頭口絵参照）→山口県柳井茶臼山古墳鏡・東京国立博物館蔵鏡→奈良県佐味田宝塚古墳鏡／山梨県岡銚子塚古墳鏡（図1）・天理参考館蔵鏡・坂本不言堂蔵鏡をあげるに躊躇はなく，しかも新山鏡は原鏡2鏡式の特徴を巧みに踏襲して直接模写の原作と断じてもよいが，ともあれ中国鏡からの離脱を徐々に進行する図紋変遷には破綻をみない。いっぽう他の作風を示す鼉龍鏡は樋口がⅡ～Ⅴ型に分類するごとく一見さらに形骸化したかにもみえるが，細部表現をみればむしろ中国鏡の特徴をとどめることもあり，作風を違える鏡を時間的経過だけで律することにはつよい懸念をおぼえる。一例をあげれば樋口がⅢ型に分類する山梨県中道銚子塚古墳鏡は，作者Ａの作品では新山鏡と雪野山鏡だけにみる環状乳神獣鏡の獣像の肩（環状乳）に付された羽翼に起源する表現があるなど瞭らかに中国鏡からの離脱方向を違えるが，いっぽう同じ作風の岐阜県舟木山27号墳鏡や辰馬考古資料館蔵鏡との連繋はふかく，これらを作者Ｄの作品群と認めるに不都合はない。

　紙幅の都合で逐一の説明は省くが同様の操作をへて2面以上にわたる鼉龍鏡の作風にＡ～Ⅰを認める私案に諾意がえられれば[11]，同工鏡Ａ～Ⅰをつぎのごとく分類してもよい。すなわちＡ～Ｅは外区紋様帯に菱雲紋帯と鳥紋帯の2帯またはいずれか1帯をもつ鏡群，いっぽうＧ～Ｉはそのいずれをも欠く鏡群に属し（図2），唯一Ｆだけが両群にまたがる。この現象の解釈としてはＡ～ＥとＧ～Ｉとを流儀を違える集団差とみなすのも一案であろうが，総じての図紋変遷を考慮すれば二つの鏡群には時間的経過変遷を読みとるほうが穏当で，そのほうが作者Ｆの理解も容易になろう。そもそも鼉龍鏡の特異な起源それ自体が作者間の連繋をつよく示唆すると考えれば，鼉龍鏡すべてを同じ工房の作品と認めて大きな過誤はあるまい。

　さらに興味ふかいのは同工鏡Ａ～Ｉが各々面径とつよい相関をもつことで，つまり同じ作者がつくる倭鏡の大きさには規制があったらしく，このことは倭鏡作者集団に何らかの序列的秩序が存在したことを暗示するかにみえる。そう認めてよければ鼉龍鏡の原作とおぼしき新山鏡の作者Ａが超大型鏡・大型鏡の製作にかかわったのはたんなる偶然ではなく，作者Ａが倭鏡形式を創案しうるほどの身分的地位にあったことを物語るかにおもえる。いっぽう作者Ｂ～Ｉの作品に形骸化の印象を感じるのは，創案の意図を充分には理解しえぬままの製作ゆえではなかろうか。さらに付言すれば，田中琢が的確に指摘するごとく鼉龍鏡と捩紋鏡とは同じ意匠の大型鏡と小型鏡の関係であって[12]，たとえば群馬県前橋天神山古墳鏡のようにほぼ同時に出現した捩文鏡もまた同じ工房の作品と認めるに支障はあるまい。しかも分布のひろがりからみて倭王権膝下の工房での製作を推すのが穏当であれば，倭鏡を大小につくりわけた意図は倭王権の政策に関連して理解するのがすなおであ

69

る。

3 倭鏡作者と倭王権

　鼉龍鏡の作者は他鏡式の倭鏡も製作したらしい。たとえば新山古墳13号鏡は王莽新代頃の精細な方格規矩四神鏡を直接模作の方格規矩獣紋倭鏡であるが（巻頭口絵参照），他鏡式から置換の内区外周や外区の紋様帯は柳井茶臼山古墳の鼉龍鏡に酷似して田中琢の指摘のとおり作者Ａの作品と認めてあやまたない[13]。同じく鼉龍鏡の菱雲紋帯を借用の方格規矩獣紋倭鏡は少なくないが，なかでも作風を同じくする京都府加悦丸山古墳鏡・奈良県御陵山古墳１号鏡→御陵山２号鏡（図３）→福岡県沖ノ島17号遺跡１号鏡・新山16号鏡・奈良県新

図５　獣帯倭鏡
（奈良県広陵町佐味田宝塚古墳出土鏡）

図３　方格規矩獣紋倭鏡〔JDI 式〕
（奈良県奈良市御陵山古墳出土２号鏡）

図４　方格規矩獣紋倭鏡〔JC 式〕
（奈良県奈良市円照寺墓山古墳出土鏡）

沢500号墳鏡の作者は，作者Ａとの確証はないが鼉龍鏡作者の作品は疑いない。余談をいえば，加悦丸山鏡や御陵山１号鏡と図紋に類似をみる新山15号鏡は，その丁寧な模刻ながら総じて弱々しい描法の作風で別の作者の作品とみるのがすなおである。ともあれ田中がＪＣ式獣像鏡と呼ぶ一群の一部（図４）など方格規矩獣紋倭鏡には幾つかの作風をみるが[14]，ほとんどは鼉龍鏡と同じ工房の作品と認めるに躊躇はない。

　しかも方格規矩獣紋倭鏡を仲介すれば，大阪府紫金山古墳の勾玉紋帯画像倭鏡（巻頭口絵参照）あるいは宝塚古墳の獣帯倭鏡（図５）など同じ作鏡集団の作品を数多くみいだすことになる。また荻野繁春の指摘のごとく神像倭鏡は鼉龍鏡との連繫がふかく[15]，これも同じ工房の製作は疑いなかろう。そもそも上述の鏡式にかぎらず４世紀代の倭鏡諸形式には相互に連繋する紋様要素を頻繁にみるのであって，作者の特定にはいたらないにせよ同じ作鏡集団の作品群を予見する田中琢に異を唱える理由はなかろう[16]。ただ三角縁神獣倭鏡だけは紋様要素の連繋を確認しがたく，流儀を違える別の集団の作品群とみる意見もつよい[17]。しかし倭鏡のなかでも同笵鏡が異例に多く面径も画一的な三角縁神獣倭鏡の製作には特異な意図がこめられた公算が大きく，それゆえの差異があたかも異質の感を与えるのではないかとの疑いも拭いきれない。しかも三角縁神獣倭鏡と周縁や外区紋様帯そして面径にも一致をみる鼉龍鏡が２面知られることも，その疑いをつよめるかにおもえる。

　とうてい意を尽くすにいたらないが，多彩な鏡

背図紋そして面径の大小につくりわけられた倭鏡も，倭王権膝下の作鏡工房で意外に数少ない作者によって厳格な意図のもとに製作されたと考えたい。倭鏡の生産体制をこのように理解する私案に諒意がえられるならば，倭鏡の供給配布は，4世紀代の倭王権の政策遂行を担うため意図的に実施されたと考えてよい。つまり各地方首長にたいして下賜配布する倭鏡に面径の大小を必要とした理由の一つは，倭王権が設定を願った序列的身分的地位の表徴表現にあった公算が大きいとおもう[18]。さらに想像を逞しくしていえば，倭鏡に多様な鏡式が用意されたのも，たとえば職掌のごとき何らかの違いを表示する必要あってのことかもしれない。ともあれ倭鏡の製作配布が倭王権の政策に関連しておこなわれたと考えれば，それは王権の威信権威をいっそう高め，いっぽう地方の権力を減じるかたちで実施されたにちがいない。とすればそこには倭王権の権勢のあり方も映されているはずであり，その意味でも倭鏡の追跡は軽視しえない課題とおもう。

しかし5世紀になっても倭鏡生産は継続したけれども，もはや4世紀代にみるような多彩な展開は終焉して倭鏡の意義の凋落は覆うべくもなく，倭鏡作者の地位にも重大な危機がおとずれたようである。ただ劉宋王朝に陸続と遣使朝献して除爵をうけた倭の五王の時代にもたらされた劉宋代の踏返し鏡が数多くあり，倭鏡製作も5世紀後葉には復興の兆しをみせて鈴鏡のごとき珍奇な倭鏡もつくられた。しかしおそらく遣隋使の帰還にともないもたらされた装いも新たな隋鏡の出現によって伝統的な倭鏡はついに役割を終え，倭鏡製作の終焉を迎えたようである。

4　隅田八幡鏡の作者と年代

最後に和歌山県橋本市垂井に鎮座の隅田八幡神社に所蔵の人物画像倭鏡をとりあげると，この鏡は「癸未年八月」にはじまる48字の銘文を刻む稀有な倭鏡で，しかも銘文には鋳師とも解せる「開中費直穢人今州利」がみえる。ただ冒頭を「癸未年」と釈す通説にも異論があり，その年時となれば諸説一致をみない。しかし銘文釈読に意を尽くした福山敏男が「男弟王」をヲオト王と訓み男大迹（継体）に擬し[19]，また「斯麻」を武寧王陵墓誌銘の「寧東大将軍百済斯麻王」にも連繋させ百済武寧王とみる意見もあって，文献史学では503

年説が有力のようである[20]。いっぽう考古学的見解としては383年説や443年説が提出されることも少なくないが，意外にも考古学的検討は乏しい。

隅田八幡鏡は富岡謙蔵がはやく立証したとおり神人歌舞画像鏡を模作の倭鏡であるが[21]，見懸けのまま鋳型に刻すため図紋は反転し，西王母の待仙から順次模写の内区図像も東王父を次の区画に移すため最後の歌舞群像は吹笛像を描くにとどまり，四葉座乳で割す区画も幾何学分割原理を欠如する（巻頭口絵参照）。また内区外周に配置の半円方形帯は画像鏡にみない紋様帯で他鏡式からの置換にちがいなく，しかも田中琢が精確に指摘するごとく「半円形では，周囲に鋸歯文がめぐらされている点」特異な一例である[22]。唯一この作風を同じくするのが奈良県平林古墳鏡で，画紋帯四仏四獣鏡を模刻の倭鏡は，脇侍など図紋に省略をみるが内区図像のみならず紋様帯もすべて中国鏡を直接模写の原作とみなすに支障はない[23]（巻頭口絵参照）。隅田八幡鏡と平林鏡は鏡式を違えるけれども，同じく原鏡の面径を踏襲することや内区地紋の処置も酷似して，同じ作者の作品と断じるに躊躇はない。さらに半円方形帯の導入経路を考慮すれば，平林鏡から隅田八幡鏡への製作順序を指摘してもよい。いま以上の私見に諒意がえられるならば，ついで「癸未年」の年時についても新たな推論を加えることができる。

原鏡の神人歌舞画像鏡と画紋帯四仏四獣鏡は後漢末ないし三国代の図紋であるが，いずれも数面以上の同型鏡が知られ5・6世紀の古墳から出土するので，通説のとおり倭の五王の遣使朝献にともないもたらされた，劉宋代の踏返し鏡と考えるのがすなおである[24]。倭王の遣使は東晋末の義熙9（413）年に再開されるが，除爵を確認できるのは劉宋の永初2（421）年から昇明2（478）年で，一群の踏返し鏡を劉宋皇帝から倭王への下賜品と認めれば383年説は却けてよいことになる。また平林鏡の系列につらなる一群の倭鏡は森下章司が交互式神獣鏡と呼ぶが[25]，奈良県藤ノ木古墳・群馬県若田古墳・福岡県寿命王塚古墳などいずれも6世紀代の古墳の副葬品であって，しかも造営時期とよく相関する鏡の型式変遷からいえば，平林鏡の製作年代も5世紀に遡る公算は小さい。

要するに，隅田八幡人物画像倭鏡は，劉宋代の踏返し鏡2鏡式がもたらされて以降の製作にちがいなく，しかも平林古墳の画紋帯四仏四獣倭鏡と

の関連からいえば，銘文の干支「癸未年」は 503 年と認めてあやまたないとおもう。

5 結語にかえて

　倭王権膝下の工房で意外に数少ない作者によって多彩な鏡式そして大小につくりわけられた 4 世紀の倭鏡が王権の政策にふかくかかわり重大な意義を担って各地首長へと下賜されたと考えてよければ，倭鏡に示された王権の政策意図はまだ充分に解読するにいたらないが王権の勢威伸張をはかり地域首長の勢力削減をめざすものであったにちがいあるまい。そして倭鏡の作者を特定する試みは迂遠な方法ではあるが，まさに古墳時代前期の政治動向を読みとる一つの有力な手がかりになろう。また古墳時代中期になると倭鏡生産に急激な衰凋をみる背景に倭王権の政策に大きな転換を認めてよければ，この時期の倭鏡作者の動静もまた興味ふかい問題を孕むかにおもえる。

　いっぽう倭鏡作者の特定によって古墳編年ひいては実年代論にたいしても多少の寄与を期待できる。ここでは一例として隅田八幡人物画像倭鏡の年時を論じて平林古墳の画紋帯四仏四獣倭鏡の系譜につらなる一群の倭鏡を森下章司と同じく 6 世紀の作品と考えた。いっぽう倭鏡の製作開始年代については 4 世紀前葉に溯る可能性を考えているが，派生する問題が少なくなくいまだ確信をえるにはいたっていない。

　ともあれ作者個人を問題にするという考古学的方法論にあまり馴染まない課題に踏込み憶説をかさねた私見の重大な過誤をおそれるが，諸賢のご批判叱正をえて愚考の補塡を期することにして，ひとまず擱筆することにしたい。

　　　註
1）田中　琢『古鏡』日本の原始美術，8，講談社，1979
2）鏡山　猛・原田大六ほか『続沖ノ島』1961
3）中司照世・川西宏幸「滋賀県北谷11号墳の研究」考古学雑誌，66—2，1980
　　川西宏幸『古墳時代政治史序説』塙書房，1988
4）荻野繁春「倭製神像鏡について」福井工業高等専門学校研究紀要，16，1982
5）近藤喬一「三角縁神獣鏡の仿製について」考古学

雑誌，59—2，1973
　　田中　琢「方格規矩四神鏡系倭鏡分類試論」『文化財論叢』同朋舎，1983
6）森下章司「古墳時代仿製鏡の変遷とその特質」史林，74—6，1991
　　岸本直文「三角縁神獣鏡製作の工人群」史林，72—5，1989
7）福永伸哉「三角縁神獣鏡の系譜と性格」考古学研究，38—1，1991
8）富岡謙蔵『古鏡の研究』丸善，1920
9）小林行雄『埴輪』平凡社，1966
10）樋口隆康『古鏡』新潮社，1979
11）鼉龍鏡については，拙稿「鼉龍鏡考」『翔古論聚』（近刊）にやや詳しく述べたので参照いただきたい。
12）田中　琢『古鏡』日本の美術，178，至文堂，1981
13）註 12）に同じ
14）註 5）田中文献に同じ
15）註 4）に同じ
16）註 1）に同じ
17）註 7）福永文献・註 6）森下文献など参照
18）原田大六「鏡について」『月の輪古墳』1960
　　和田晴吾「金属器の生産と流通」『岩波講座日本考古学』3，岩波書店，1986
19）福山敏男「江田発掘大刀及び隅田八幡神社鏡の製作年代について―日本最古の金石文―」考古学雑誌，24—1，1934
20）山尾幸久『日本古代王権形成史論』岩波書店，1983
21）註 8）に同じ
22）註 1）に同じ
23）この点をふくめ隅田八幡鏡についての私見はすでに河出書房新社から刊行予定の『継体王朝の謎』に拙稿を提出しているので参照いただきたい。
24）小林行雄「倭の五王の時代」『日本書紀研究』2，塙書房，1966
　　小林行雄「鏡・大刀・玉のなぞ」『古墳の謎を探る』1981
　　川西宏幸「同型鏡の諸問題―画文帯重列式神獣鏡―」古文化談叢，27，1992
25）註 6）森下文献に同じ

　なお紙幅の都合で各々の鏡の典拠などを略したことを諒とされたいが，報告者にたいする非礼にたいしてはここに記してお詫び申し上げたい。また本稿を草するにあたっての数多くの方々のご厚意にたいして感謝の意を表したい。

特集 ● 鏡の語る古代史

漢鏡の銘文

宮内庁書陵部 笠野　毅
（かさの・たけし）

漢鏡の銘文は類型的で，リズムと響きをもった詩歌であり，吉祥語で満たされ，また互文や擬人法など表現方法もゆたかである

　小稿では，漢鏡を前漢から西晋代までのものとする前提のもとに，まず後漢鏡の銘を中心にその特色を外形上・内容上から概観し，次にあまり触れられることのない鏡銘の修辞法をとりあげ，最後に情感あふれる鏡銘といわれる前漢鏡銘の一群をべっ見してみたい。

1　漢鏡銘の外形上の特色

　漢鏡を外形上からみた場合，第一の特色は，鏡銘が類型的であるということである。次の細線式獣帯鏡（岐阜県野5号墳〔城塚古墳〕出土）を例に挙げて説明しよう。
　①　尚方作┘竟大毋┘傷，巧工刻┘之成═文章═，
　　　左龍右虎辟═不羊═，朱鳥玄武順═陰陽═，子
　　　孫備具居═中央═，長保═二親═榮富昌，壽敞
　　　金石═如═侯王═，青蓋為┘志何巨央，（モノク
　　　ロ口絵4）

他に例のない末句を除くと，次頁に掲げる表1のとおり，銘文全体が①とほとんど違わないものがあり，各句に着目すると，①と同じ句が頻見するのである。別稿で詳述するように，①は，洛陽の尚方が呉郡（129年以前は会稽郡）の工官青蓋に職員を派遣して監作した鏡である[1]から，実質的に青蓋作鏡で，表1─ⓐ・ⓑと全く同じである。

　漢鏡の銘文を通覧すると，いくつかの範型が見出され，それは初句または第二句の特長的な語句によって分類することができる。樋口隆康氏は，代表的な漢鏡銘を21型式に分け，うち6型式を2種（後に5種）に，1型式を3種（後に5種）に細分された[2]。この分類は，漢鏡銘をほぼカバーし，諸種の鏡式との関連をもうかがえ，簡便でもあるから，利用価値が高い。なお，同氏が掲げられた釈文のなかにある誤釈字は，一部が先学によって訂されている[3]ので，併せ用いるべきことは言うまでもない。

　第二の特色は，鏡銘はリズムと響きをもった詩歌であることである。前掲①でいうと，各句は7字からなり，中国語は上古においても1語1字1音節が原則なので，全体は7言8句。意味上から概ね2句で1単位となるように拍子があわせてある。各句末は，傷*tiaŋ・章*tiaŋ・羊*ɡiaŋ・陽*diaŋ・央*ĭaŋ・昌*t'iaŋ・王*hĭuaŋ・央*ĭaŋ で，いずれも語尾が -aŋ で終る語群＝陽部に属し，各句とも脚韻を踏む。

　広く鏡銘を概観すると，その多くは3字・4字・6字・7字のいずれかからなる句をいくつか集めて構成され，句ごとの音節数をそろえて調子がととのえられている。3字句や7字句からなる前漢鏡の銘のなかには，奇数句末に兮*heŋ や稀に丁*teŋ を置いて，ヘイとかチョイとか掛声を入れて間拍子をとるものさえある（後掲③参照）。偶数句を中心に句末には同じ韻で終る語が配される。つまり，鏡銘は目で読むものではなく，口で誦詠するものなのである。

　第三の特色は，字句の脱落や付加が多いことである。表1に例示するように，類型的で範型と酷似した鏡銘も少なくないが，その違いに着目すると，脱字や脱句，言い換え，別種の銘の字句の付加，あるいは語句の倒置などが多い。同時代の別の鏡銘を援用したり，時間の推移とともに範型がくずれ，形をかえていったことがうかがわれる。

同時に，鏡銘にはパターンがあり，口唱されるものであるから，たとえそこに字句の脱落・付加・倒置などがあっても，本来はこうだと示されるほどに関係者とくに鋳鏡に従事する人びとの間で了解されていたと推測される。この共通理解のうえに字句の増省が起ったのであろう。

2 漢鏡銘の内容上の特色

第一に，鏡銘は福禄寿を中心とするいわゆる吉祥語で満されているといっても過言ではない。前掲①の第三〜七句は，不幸の除去，陰陽の調和，子孫の多産と繁栄，両親の保育，服鏡者自身の富裕安楽・長寿・高位高官への出世が刻まれている。他鏡には，これらとともに家産の蓄積・商売繁昌もみえ，世俗的・個人的な幸福が鏡銘に繰り返し記される。国家安泰・天下太平・天候順調・五穀豊穣など公的な福祉もみられる。これらの幸福は，作鏡者からすれば実現されるだろうという予言であり，服鏡者からみれば実現してほしい願望でもある。言い換えると鏡の効能書きであって，鏡を売る立場からは人びとに買ってもらうための宣伝文句＝コピーともなっている[4]。

第二に，鏡銘には，上記の鏡の効能とともに，鏡の性状とその由来が刻される。前掲①の第二〜四句は，鏡背の図像文様について，巧妙な工匠の彫刻によって図文が章々で，四神が相応しているという。鏡背の文章のほか鏡胎の清質・鏡面の昭明といった性状も取り上げられ，さらに銅などの素材の純粋さ・良い産地・調合，鋳鏡の吉辰の選定など良好な性状が得られる条件にも言及する[5]。

鏡銘の初句は，概ねこうした鏡の胎質・背文・面の性状の良さを概括する語句がくる。①の「大毋傷」は，鏡の内面が充実し，外面に傷一つないことをいったもの。この大は，大人物の大であって，鏡の形が大きいことでも，「傷なし」に係る副詞でもない。このほか「真大巧（好）」（内面が充実し，外形が巧妙である）・「清面明」（内面が清質で，外面が昭明）・「自有紀（道・方・常・意・真・刑・経述）」（規範を内包する）[6]・「佳且好」・「甚大好」などとあって出来上った鏡が佳良であることを表わす。鏡胎が純清であることは勿論であるが，内面が充実していることすなわち大や真であることや紀などの規範を内包していることも，姿を映すという鏡の基本的な機能と福禄寿をもたらす鏡の性能を考えるうえで重要である。鏡が道を得て内面が充実

表1

① 尚方作竟大毋傷、巧工刻之成文章、左龍右虎辟不羊、朱鳥玄武順陰陽、子孫備具居中央、長保二親樂富昌、壽敝金石如侯王、青蓋為志何巨央、（本文参照）

ⓐ 青蓋作竟大毋傷、巧工刻之成文章、左龍右虎辟不羊、朱鳥玄武順陰陽、子孫備具居中央、長保二親樂富昌、壽敝金石如侯王、（細線式獣帯鏡、註13、図版59）

ⓑ 青蓋作竟大毋傷、巧工刻之成文章、左龍右虎辟不羊、朱鳥玄武順陰陽、子孫備具居中央、長保二親[樂]富昌、壽敝金石如[醫]王、（細線式獣帯鏡、註9、図版24）

ⓒ 尚方御竟大毋傷、巧工刻之成文章、左龍右虎辟不羊、朱鳥玄武調陰陽、子孫備具居中央、壽敝今石如侯王令、（方格規矩四神鏡、註9、2中ー1）

ⓓ 尚方作竟大□[毋]傷、巧工刻之成文章、左龍右虎辟不伴、朱鳥玄武順陰陽、子孫備具居中央、女為夫人男為[卿]（細線式獣帯鏡、註21、14、18図）

ⓔ 尚方作竟大毋傷、巧工刻之成文章、左龍[右]虎辟不羊、朱鳥玄武順陰陽、壽保二親富貴昌、宜侯王令（細線式獣帯鏡、註7、15、28b）

ⓕ 青蓋作竟大毋傷、巧工刻之成文章、左龍右虎辟不羊、朱鳳玄武順陰陽、子孫備具居中央令、（竜虎鏡、註9、2下ー52）

ⓖ 尚方作竟大毋傷、新有善銅出丹陽、凍治銀錫清而明、尚方御竟大毋傷、巧工刻之成文章、左龍右虎辟不羊、朱鳥玄武順陰陽、子孫備具居中央、壽敝今石如侯王、（方格規矩四神鏡、註12、原色図版3）

ⓗ 新有善銅出丹陽、凍治銀錫清而明、巧工刻之成文章、左龍右虎辟不羊、朱鳥玄武順陰陽、子孫備具居中央、壽敝今石如侯王、（方格規…）「矩四神鏡、註13、図版35」

ⓘ 侯氏作竟大毋[傷]、巧工刻之成文章、左龍右虎辟不陽、七子九孫居中央、夫妻相保如□夫令、（薄肉刻式獣帯鏡、註21、85図）

ⓙ 尚方作竟善無傷、巧工刻之成文章、六子九孫在中央、左龍右虎辟非[傷]、巧工刻之成文章、（細線式獣帯鏡、註9、2中、85図）

ⓚ 黄羊作竟大毋𢘋、巧工所刻成文章、左龍、（細線式五禽鏡、註9、2中、80図）

ⓜ 青羊作竟大毋傷、仁工刻之成文章令、（竜虎鏡、註9、2下、48図）

ⓝ 趙氏作竟大毋傷、左龍右虎令、（竜虎鏡、註13、図版56図）

① 三羊作竟大毋傷、巧工刻之成文章、楽未央、（竜虎鏡、註13、図版58）

すると，その徳は鏡外に光となって顕われ，鏡に映った人にそそぐと考えられていたからである。それは道を得た聖人例えば仏陀，具体的には仏像の光背を思い起せば了解されるであろう。

3 鏡銘の修辞法

その１つは，４句で１まとまりとなる鏡銘のなかには，起・承・転・結の展開がみられるものがある。例えば，後掲鏡銘③ａ・⑦〜⑩がそれで，絶句形式の古詩＝古絶句ともいえる。これによって，詩の構成にメリハリがつく。

第二に，対句がある。前掲①では，「左龍右虎辟不羊」と「朱鳥玄武順陰陽」，「子孫備具」と「長保二親」，後掲⑩の「君有行」と「妾有悥」，「行有日」と「反毋期」が対句をなす。三角縁神獣鏡が中国製か国産かの問題に一石を投じた景初四年竜虎鏡の「吏人諸之，位至三公」（買）と「母人諸之，保子宜孫」（買）も対句。語数が限られる詩は，対句という事象・事物の対照によってイメージが鮮明になる。

第三に，対句に似た互文という文飾も施される。互文とは，「天地長久」を「天長地久」というように，文意は同じながら語順を入れ換えて表現に変化をもたせる句法である。鏡銘にはその用例が少ないようであるが，皆無ではない。次は内行花文鏡の銘である。

② 日清月明，想＝見君光＿，天子富慶（与カ）（祥），長樂未レ央，常不＝相忘＿，以除不羊 7)，

このなかの「日清月明」は，「日月清明」をもとにし，また別の鏡の「日翟月明」 8) とあるのも「日月曜明」（曜）の互文と考えられる。

第四に，縁語―掛詞も看過ごせない。例えば，前掲①の「子孫備具居中央」は，服鏡者の子孫のこととともに，鈕座や内区の乳のことも意味している。なぜならば，他鏡においてこの句に対応する銘には「六子九孫在中央」 9)・「七子九孫治中央」 10)・「八子九孫治中央」 11)・「八子十二孫居安寧」 12) とあって，子孫の多産と繁栄の銘に間違いはないが，同時に内区の乳を子鏡に，鈕座の小乳を孫鏡にみたてて数を合わせた鏡背図文に関するものでもある。こうした二重の意味をもたせる用語法は，漢鏡銘に少なからず散見され，詩のイメージをふくらませる効果がある。

第五に，前漢鏡には，擬人法による表現がみえる。この点については，漢鏡の特色と文飾法を含めて具体的な検討を通じて示そう。

4 最古の鏡銘

中国古鏡における最も古い銘文は，七縁，三弦鈕または獣鈕，平直な鏡面，雲雷文・雲渦文などの細地文，双線・三線の禽獣文・菱雲文・蟠虺文（はんちもん）などの主文からなる一群の鏡に認められる。代表的な鏡銘は，次のとおりである。

③ａ （内銘）（清）内請質瓜昭明丁，光輝象＝夫日月＿，心（忽）（ママ）葱穆而願レ忠丁，然壅塞而不レ徹

ｂ （外銘）（嘈）懷＝麌美之窮豈＿丁，外＝承レ驪之可レ説（観）（悦），慕＝窔佻之靈景＿丁，願永思而毋レ絶，

ｃ （潔）（仕）絜精白而事レ君丁，怨＝涫驪之弇レ明（惛観），汲＝玄錫之流澤＿丁，恐＝疏遠而日忘＿ 13)

④ 脩相思，慎毋相忘，大樂未レ央 14)

⑤ 大樂貴富得レ所レ好，千秋萬歲，延年益壽 15)

⑥ 大樂貴富，千秋萬歲冝酒食 16)

③・④は次の理由から前２世紀頃作られたことが判るので，⑤・⑥や無銘でも先述の特長をもつ同種の鏡も，同じ頃に製作されたと考えられる。これを遡る鏡銘は現在のところ知られていない。

③ａ第四句の徹は，武帝の諱でもあるから，崩（前86）後は，礼にのっとってその使用が避けれらたはずである。実際，他の多くの鏡では徹にかわって泄や世が用いられる。したがって，徹を用いた③は，武帝の崩前の作。

④の第一句「脩相思」は，他の多くの鏡では「長相思」と刻まれる。細地文鏡が大量に出土する安徽省寿県を中心とする淮河流域は，この種の鏡の大消費地であり，生産地とも推定され，しかも前漢代，淮南国があった所でもある。その最後の国王劉安は，治世中（前164〜122），亡父長の諱の使用を避けたので，長にかわって脩を用いた⑤は，製作年代が自ら知られる 17)。

次に外形上の特色をみると，例えば③の場合，細地文のない重圏文鏡や内行花文鏡には，(1)ａが単独か，あるいは「見日之光，長毋相忘」という内銘を伴ってあらわれ，(2)また別にｂ・ｃが種々の内銘を伴いながら外銘として数多く見られる。

④〜⑥の例も多く，鏡銘の初源期からすでに範型があり，類型的であったことが知られる。しかし，語句の順や用字に小異のある鏡銘も多い。例

えば，④に類する銘としては「脩相思，毋相忘，常樂未央」・「大樂未央，長相思，眞毋相忘」[18]などである。定型化したとは即断しがたい面が残る。

韻文としての体裁について。③は，7言4句を1単位とし，a・b・cの3単位から構成され，奇数句の末尾に丁を置く。この丁は節調の助辞只*tiegの対転であることが注意され，句末などに置かれる今と同じ用法と思われる。偶数句末のうち，月・徹・説・絶は祭月部（-at），明・忘（第一句未明・第七句末景も）は陽部（-aŋ）の韻を踏み，さらに各句4字目に之・而・以の之部（-əg）（第二句の夫はこれに近い魚部（-ag））の語を配する。

もっとも④〜⑥の場合，掲げた鏡銘は，各句の字数が一定せず，しかも先述のとおり類似する銘は，語順や用字に相異のあるものが多い。脚韻も④に-aŋの陽部忘・央を除いて認められない。

内容の面では，⑤・⑥に典型的に示されるように，吉祥語がすでに最古の鏡銘にみえることが特筆される。富貴寿そして多分この三者を含む安楽が達成されることが予言されている。

これに対して，③は大いに趣きを異にする。a・b・cの構成順については，別の細地文鏡（モノクロロ絵4）に，内銘「内請質…（中略）…心忽」（清）（忽）に続けて，外銘「穆而…（中略）…懷糜美…（中略）…（ママ）毋絶」がきて，③と同様にa→bと展開する[19]。ところが，細地文のない重圏文銘帯鏡や内行花文鏡では，内銘にaが必ずあるとは限らないが，外銘はc→bと展開する。このc→bと展開する鏡は「清（精）白鏡」と呼ばれ，その銘は顧みられない鏡の悲哀の賦とされる[20]。今，試みにcの部分を拙いが口語に訳すと次のようになろうか。

　　　内を潔清にして外を白やかし，あなたにお
　　　　　　　　　　　かが
　　　仕えしてきたが，照映する明を曇りに弇われ
　　　てうらみふさいでいます。はやく玄錫でピカ
　　　ピカに磨いてほしいと心せくものの，このま
　　　までは遠くに疎んぜられ，日に日に忘れられ
　　　るのではないかと，心配です。

ここには，曇って映らなくなった鏡の，持主から遠ざけられた悲哀と持主に対する変らぬ思慕とが，擬人法によって表現されている。擬人法は，この③cのほか同a・bや④にもみられる。これら最古の漢鏡銘だけでなく，細地文のない草葉文鏡・内行花文鏡・重圏文鏡などにもみられる。こ

の新しい鏡群の悲哀の賦を次に概観してみよう。

なお，内容面で忘れてならないのは，鏡の性状について③cの「内請質以昭明」に顕著に示されるように，鏡の胎質と面の昭明のことが，最古の鏡銘にすでにみえることである。

5　鏡の悲哀の賦

次に掲げる鏡銘⑦・⑧は，持主が鏡のもとを離れていくのを行―外出・旅にたとえて，持主に対する細かい心配りや別離の悲しみを詩ったものである。

　　　　　　　　（稀）　　（猝）
⑦　久不見，侍前俙，君行卒，予心悲[21]

　　　久しくお目にかかれず，御前にお仕えする
　　　のも稀になりました。お出かけになるなん
　　　て，突然のことで意いもしませんでした。私
　　　は本当に悲しい。

3言4句。俙・悲が微部（-ar）の韻を踏む。
　　　　　　　　　　　　　　　　　　　（仰）
⑧　君有行，妾有悥。行有日，反毋期。願君強飯多勉之。卬天大息長相思。毋久[22]（図1）

　　　あなたは行ってしまい，残された私は心細
　　　い。出立には日限があるのに，お帰りには決
　　　った期日がない。お願いですからしっかりご
　　　飯を食べて一生懸命がんばって下さい。お帰
　　　りを当てもなく待つ私は，天を仰いで大きな
　　　ため息をついています。たとえ離れていても
　　　互いに思いあいましょう。（後略）

末句に脱字があるが，類例が乏しく復元しえない。これを除くと，之部（-əg）の期・之・思が韻を踏むので，6言2句＋7言2句という詩形であろう。悥は憂の原字。第一句・第二句は，それぞれ対句からなり，⑦と同じく第三句で話題を転換している。君や⑦の前が鏡の持主，妾や⑦の予が鏡自身のことであることは，⑦・⑧が鏡に刻まれた銘であること，③と内容的に似ていること，⑧（現）の内銘に「見日之光，天下大明，服者富貴番昌，長相思，毋」とあることなどから，およそ見当がつく。ところが，⑦・⑧の銘だけをみると，夫を防人として送り出した東国の妻たちの万葉の歌や蘇伯玉の妻の『盤中詩』の次の句が思い起される。

　　　君有行，妾念之。出有日，還無期。結
　　　中帯，長相思。（後略）

したがって，⑦・⑧は旅に出た夫との離別を悲しむ妻の嘆きと解されないこともなく，鏡の悲哀の

図1

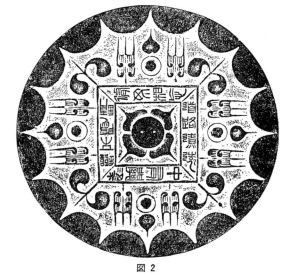
図2

図3

図4

賦とするにはなお補強を必要とする。

　行に出て鏡から遠く離れた持主との間を道にたとえた鏡銘がある。

⑨　道路遼遠, 中有₌關津₋, 鑑不ㇾ隠ㇾ請, 脩
毋₌相忘₋²³⁾(図2)

　　あなたが通う道は, はるかに遠く, 途中に関所や渡し場など障害があって, 来て頂けない。お会いすればお望みがわかり, 御意にそえますのに。今はせめていつまでも互いを忘れないようにしましょう。

4言4句。押韻はない。第四句の脩は, 前掲④で注目した脩と同じく長に代用された避諱の字と考え, この鏡を淮南王劉安の治世中の製作とするこ

ともできるが, 他方, 鏡式を重視して新しくみることもできる。その当否は前漢鏡の編年上重要なので後考に俟ちたい。第三句は, 他鏡に鏡の性能の1つとして「昭₌是明鏡₋知₌人請₋」²⁴⁾・「見₌弓身尸₋, 知₌人清₋」²⁵⁾（照）（情）（躬）（情）というのと同義であるから, この銘が鏡のことをいっていることは明らかである。したがって, 前掲⑦・⑧や次掲の⑩も鏡の賦であることが確認される。なお, 請を当てられた情は, 人の性のうち欲望の側面をいう。この句の裏に「あなたは, 私がしてほしいことがおわかりですか」という鏡の声が聞えてきそうである。

　次の鏡銘も, ⑨と同様に鏡とその持主とが離ればなれの状態を遠い道にたとえる。

77

⑩　道路遠，侍ㇾ前希（稀），昔同起，予志悲[26]。

　　　あなたの所に通じる道は遠く，御前にお仕えすることはほとんどありません。昔は一緒に行動しましたものを。悲しい限りです。

3言4句。脚韻は微部（-ar）の希・悲。第一句・二句の現状から第三句の過去に飛び，第四句で再び現状に戻って悲しむ。

　鏡のもとを去って一向に帰って来ない持主に対して，次のような嘆きも鏡銘に見える。

⑪　長毋ニ相忘ㇾ，君来何傷[27]（図3）

　　　いつまでも互いを忘れないようにしましょう。でも，あなたが私のもとに来て下さるなら，どうしてこんなにも心を傷めることがありましょうか。

4言2句の短銘ながら，忘・傷は陽部（-aŋ）に属し，確かに韻を踏む。同様のことばは，重圏文銅華鏡の1面にも「長毋相忘，時来何傷[28]」の句があって，「せめて時々は来てほしい」と控え目な鏡の希望が隠されている。

　では，なぜ鏡の持主は鏡のもとを去っていったのであろうか。離別の理由は，いろいろ考えられるが，その1つは，鏡銘③に関連してすでに述べたとおり，鏡面が曇って鏡本来の機能が失なわれることにある。第二には，鏡のデザインなどが陳腐化したということも考えられる。これに関連して，第三には，持主の関心が別の新しい鏡に移った場合である。前掲⑦の第三句「君が行（たびだち）は卒（にわ）かなり」と，予期しなかった離別を突きつけられたところをみると，曇りが生じたとか，陳腐になったとかの自覚は鏡にはなかったようで，これから憶測すると，持主の浮わついた気持が離別の原因らしい。ともかく，持主から古くなったとみられると，離別を迫られることにもなるわけで，次の鏡銘はこれを予め防ごうとしているようである。

⑫　毋ㇾ棄ㇾ故，而□□，亦成ㇾ親[29]，（図4）

　　　古くなったからといって棄てないで下さい。使い続けて下されば……となろうし，仲睦まじくすることもできるでしょう。

第一句は，『後漢書』朱穆伝の注などに引かれた『衣銘』の「桑蚕苦，女工難，得ㇾ新損ㇾ故，後必寒」が参照される。

　こうした鏡の悲哀の賦をみてくると，受け取り方は各人各様であろうが，人の世の男女関係にも似ていると感ずるのは筆者一人だけではあるまい。通い婚の平安時代に夫兼家に来てもらえない悲哀を味わった『蜻蛉日記』の作者の心情を連想する人もいよう。あるいは，弘田三枝子の『人形の家』（詞なかにし礼・曲川口真）やあみんの『待つわ』（詞・曲岡村孝子）などを思い出し，棄てられた女やひたすら待ちつづける女を鏡に重ねる人もいるかも知れない。

註
1）拙稿「舶載鏡論」古墳時代の研究13，1993
2）樋口隆康「中国古鏡銘文の類別的研究」東方学，7，1953。後に『展望アジアの考古学』1983に所収。同「鏡銘分類表」『古鏡』1979
3）西田守夫「漢鏡銘拾遺」ミュージアム，163，1964。保坂三郎・西田守夫『明鏡』五島美術館，1964など
4）馬承源「越王剣・永康元年群神禽獣鏡」文物，1962年12期，湖南省博物館（周世栄）『湖南出土銅鏡図録』1960
5）拙稿「清明なる鏡と天」『古墳文化の新視角』1983
6）拙稿「中国古鏡の内包する規範」『日本民族文化とその周辺』考古篇，1980
7）劉體智『小校経閣金文拓本』15，99b，1935
8）湖北省博物館・鄂州市博物館『鄂城漢三国六朝銅鏡』図版94，1986
9）梁上椿『巖窟蔵鏡』2中，85図，1941
10）保坂三郎『古代鏡文化の研究』1，図版66，1986
11）羅振玉『古鏡図録』中，60，1916
12）鈴木博司『守屋孝蔵蒐集方格規矩四神鏡図録』図版24，1970
13）Bulling, A., "Decoration of Mirrors of the Han Period", Pl 9, 1959
14）梅原末治ほか『書道全集』2，図版20，1965
15）註9）1，80図，1940
16）註9）1，71図，1940
17）註14）に同じ
18）註9）1，49図・54図・70図，1940
19）註9）1，77図，1940
20）註3）西田文献に同じ
21）周世栄「湖南出土漢代銅鏡文字研究」古文字研究，14，8図，1986
22）註11）中，3b，1916
23）陳佩芬『上海博物館蔵青銅鏡』図版30，1987
24）註12）に同じ
25）国立故宮博物院『故宮銅鏡特展図録』図版27，1986
26）註7）15，98a，1935
27）陝西省文物管理委員会（関轟）「陝西省長安洪慶村秦漢墓第二次発掘簡記」考古，1959年12期，図3
28）註9）2上，39図，1941。註10）1，図版157，1986
29）註11）中，7a，1916

特集 ● 鏡の語る古代史

鏡をめぐる伝承

京都教育大学教授 和田 萃
（わだ・あつむ）

鏡は神マツリに際しての祭祀具から神が用いる神宝となり，さらに御神体あるいは首長の権威を象徴する宝器として用いられた

1 記紀にみえる鏡の伝承

　近年，考古学の分野では，古墳時代前期・中期の古墳に副葬されている鏡について，精緻な研究が積み重ねられており，その成果は本号の特集にもよく盛り込まれている。とりわけ前期古墳から出土する三角縁神獣鏡や，中・後期古墳出土の画文帯神獣鏡・画像鏡などについては，邪馬台国の所在地や大和王権の支配の実態と関わらせて論ずる向きが多い。

　本特集では，日本古代史を研究する筆者に，「鏡をめぐる伝承」のテーマが与えられた。これまでに私は，鏡を取り扱った小攷[1]を発表しているが，『古事記』や『日本書紀』（以下，記紀と略称することがある）にみえる鏡をめぐる伝承については，十分な分析を加えていない。そこで本稿では，近年における鏡研究の成果に留意しつつ，記紀の鏡伝承の分析を試みる。もちろん伝承であって史実ではないから，記紀にみえる記事の分析のみでは空論になる。できる限り考古学的な徴証や，記紀以外の史料をも援用したい。

　カガミという言葉については，カガはカゲ（影）の古形で，「影見の意」と説明される[2]。漢字の「鏡」もほぼ同様で，「鏡」は「金」と音符である「竟」（ケイ・キョウ）から成り，「竟」にはカゲの意が含まれるので，姿や影を映し出す銅製の用具を意味する。

　鏡は人や物の姿を映し出す用具・化粧具であるが，古今東西を問わず，神秘的なもの，霊力のあるものと観念されてきた。おそらくそれは，鏡に映し出される像が現実のそれとは左右が逆で，実在しない像であることによるのだろう。そこから，鏡には目に見えないモノ（物）の姿が現われる，真実の姿が映し出される，との観念が派生する結果となった。

　記紀にみえる鏡の伝承を整理すると，おおよそ次のように分類できる。
1. 神マツリに用いられる祭祀具
2. 祭神の料（神宝・神財・神物）
3. 神霊のやどる御神体
4. 首長の権威や領域の支配権を象徴する宝器

以下，各項について，簡単な説明を加えよう。

2 神マツリの祭祀具

　神マツリの祭祀具として鏡が用いられた伝承に，日本神話のアメノイワヤの件がある。『古事記』では，イシゴリドメ命に命じて作らせた鏡を，アメノコヤネ命とフトダマ命が天之石屋戸に差し入れ，天照大御神に見せたとする。『日本書紀』はより具体的で，中臣連の遠祖であるアメノコヤネ命と忌部首の遠祖であるフトダマ命が，天香具山の真坂樹を掘り取り，その上枝に八坂瓊の御統玉，中枝に八咫鏡，下枝に青和幣・白和幣を懸け，あい共に祈った，と記述する。

　天香具山は地上の香具山ではなく，高天原に観念された山である。そのサカキに玉・鏡・幣をかけた。サカキは常緑樹の総称で，榊に限定されない。サカキに玉や鏡などを懸けて神マツリをした伝承は，以下にも引くように，記紀に散見する。『万葉集』には，「こもりくの　泊瀬の川の　上つ瀬に　い杭を打ち　下つ瀬に　ま杭を打ち　い杭には　鏡を掛け　ま杭には　ま玉を掛け……」（巻

13—3263）と歌われている。八咫鏡は，『日本書紀』の宝鏡開始段の本文に「一云」として真経津鏡とみえるように，三種の神器の一であるそれではなく，大きな鏡の意である。

神功摂政前紀に，大溝を掘って儺河（那珂川）の水を神田に引こうとしたところ，迹鷲岡に及んで大磐が塞がり，溝を通せなくなった。そこで神功皇后は武内宿禰を召し，剣と鏡を捧げ持たせ，神祇に祈ったところ，雷電がおこって大磐をふみ裂き，裂田溝が完成したと伝える。ここでも鏡が剣とともに，神マツリの重要な祭祀具であったことが示されている。

祭祀具としての鏡は，神に捧げる幣帛ともなった。『延喜式』の臨時祭式によれば，天皇のための八十嶋神祭に鏡82面（2面は径5寸，80面は径1寸）がみえ，中宮（皇后）の場合も同数である。東宮八十嶋祭では40面（2面は径5寸，38面は径1寸），そのほか遣唐使船を造る木の精霊（木霊）や山の神を祭る際に，鏡4面を捧げた。また伊勢神宮に関連して，新宮造営に際し，山口神祭に鏡40枚（「面」ではなく，「枚」と表記），正殿の心柱を採る祭に鏡40枚，宮地の鎮祭に鏡40枚，御船代を造る祭に鏡40枚を捧げた。

『延喜式』からうかがえることは，鏡は臨時の神マツリに際して捧げられるもので，年中行事として行なわれる四時祭の幣帛としてはみえず，また祓には用いられないことである。厳密に言えば，祓・大祓は神マツリの概念に含まれない。神マツリに際し奏上されるのが祝詞であるのに対し，大祓で読まれるのは祓詞・呪詞である。

『類聚三代格』に引く延暦20年5月14日の太政官符に，大祓・上祓・中祓・下祓の料物が列挙されている。大祓の料物は延喜四時祭式のそれと少し異同があり，上祓・中祓・下祓については『延喜式』にみえない。いずれの規模の祓の料物にも鏡はみえず，神マツリにのみ鏡を捧げたことがわかる。剣や太刀と大きく異なる点であろう。鏡が後に至るまで神聖視されたことを物語っている。

3 祭神の料

鏡は，神マツリに際しての祭祀具，あるいは神に捧げる料物から，さらに進んで祭神の料，すなわち神が日常に用いる物（神宝）と観念された。

鏡を神宝とする伝承はいくつかみえている。『古事記』の応神段に，天の日矛の持ち来った8種の「玉つ宝」を伝え，その内に奥津鏡と辺津鏡がある。8種の玉つ宝を伊豆志の八前の大神とするから，兵庫県出石郡出石町宮内の伊豆志坐神社八座にあたり，神霊のやどる御神体とも観念されていた。一方，『日本書紀』では，垂仁紀3年3月条に，新羅の王子である天日槍が将来した7種（同条に引く「一云」では8種）の神物がみえ，各種の玉や出石の小刀とともに日鏡1面がみえている。

日鏡の表現は，鏡が日神（太陽神）を依りつかせる呪具として用いられたことを暗示している。太陽女神であるアマテラス大神の御魂が三種の神器の一つである八咫鏡に依りつけられているとの伝承のほか，天八達にいたサルタヒコ大神の眼が八咫鏡の如く照り輝き赤酸醤（ホオズキ）に似ていたとの表現（天孫降臨段第1の一書）が参考になる。

垂仁紀88年7月条に，出石の玉つ宝の後日譚がみえている。垂仁は天日槍の将来した神宝を見たいと思い，使者を遣して，天日槍の曽孫にあたる清彦に命じ神宝を献上させた。それらを神府（宝府）に収めておいたところ，小刀のみ忽然として消え失せ，清彦のもとに戻ったという。神宝の神秘性を示す伝承である。さらにまた，各地の首長が祀る神々の神宝は，王権に献上するように命じられ，王権の神府に一時期保管されていたことを伝える。在地首長による神宝献上は，王権への服属を誓約する行為であった。所領を献上したり，首長の子弟や姉妹を舎人・采女として貢進するなど，より具体的な服属を誓うようになって，改めて神宝が返却されたり，新たに別の品物が神宝として王権から下賜されたかと思われる。後に至るまで伊豆志坐神社八座と伝えられている事実は，そうした神宝が返却されたか，新たな神宝の下賜があった，と想定しなければならない。王権から各地の首長に対し，同笵鏡や同型鏡が下賜されている事実の背景を考える際，こうした視点も必要だろう。

王権の神府は，もと忍坂邑にあり，後に石上神宮に移された神庫であろう（垂仁紀39年条に引く「一書」，および同紀87年条）。この神庫には，石上神宮の神宝のほか，垂仁の皇子であるイニシキ命が茅渟の菟砥川上宮で作った1,000口の剣をも収めていたと伝えられ，後に至るまで物部連らが管理していた。王権の武器庫としての側面が著しい。

平安京への遷都に際し，石上神宮の神府に収め

られていた神宝や器仗が，延べ157,000余人により山城国葛野郡へ運ばれた事実から，神府の規模を推測できるだろう。その折に桓武天皇が重病に陥り，神府のものを移した祟りとの託宣があったことから，再び元に返納された（『日本後紀』延暦24年2月庚戌条）。石上神宮の神府が王権の武器庫であり続けた事実は，記紀によれば4世紀以降の王宮がほぼ一貫して大和に伝承され（5世紀代では仁徳と反正の王宮のみ摂津・河内と伝える），また大王の位にともなう屯田が大和の磯城・十市の地域に所在した事実などとあわせて，三輪王朝（イリ王朝とも）から河内王朝へ，という王朝交替説では十分に説明できないところである。

神宝については，そのほか崇神紀6年7月条に，タケヒテル命が天より将来した神宝を出雲大神宮に蔵めた伝承がみえている。先の出石神社の神宝と同様，崇神がそれを見たく思い，矢田部造の祖であるタケモロスミを遣わした。当時，出雲振根は筑紫国に出かけて不在であり，弟の飯入根が神宝を献上したが，後に振根により殺害され，振根もまた王権が遣したキビツヒコとタケヌナカハワケらにより殺されたという。別に検討を加えたように[3]，この伝承は出雲西部の勢力が王権に服属した史実を物語化したものである。出雲大神宮もプレ出雲大社と言うべき神社で，その鎮座地は現社地とは異なり，荒神谷遺跡に近い斐伊川中流域に想定できる。それはともかくとして，同条によれば，この事件により出雲大神の祭祀はしばらく絶えていたが，丹波の氷河戸辺の子の託宣により，王権により祀られるようになったという。

伊勢神宮の式年遷宮に際して調進される神宝（神財）については，延暦23年8月28日の「皇太神宮儀式帳」に，内宮の神財物19種のうちに御鏡2面（各径9寸），別宮である荒祭宮の神財8種のうちに鏡1面（径3寸），月読宮の神財16種のうちに鏡9面（各径2寸），伊雑宮の神財9種のうちに鏡4面（径5寸）がみえている。内宮のそれが径9寸と，とりわけ大きいことが目につく。『延喜式』巻4の伊勢太神宮式には，神宝21種がみえるが，その内には鏡はなく，時代とともに変化したことが知られる。

4 御神体としての鏡

鏡に神霊がやどるとされ，神社の御神体とされている事例は多い。記紀の伝承においても，三種の神器の1つである八咫鏡について，皇祖神たる天照大御神が「これの鏡は，もはら我が御魂として，吾が前を拝くがごと，斎きまつれ」（『古事記』），「手に宝鏡を持ちたまひ，吾児，この宝鏡を視まさむこと，まさに吾を視るが如くすべし」（『日本書紀』天孫降臨段の第2の一書）とみえている。「皇太神宮儀式帳」にも，天照坐太神の「御形」を「鏡坐」とし，内宮の相殿神である天手力男神と萬幡豊秋津姫の御形を，それぞれ弓と剣としている。そのほか御形を鏡とするのは，別宮では荒祭宮・滝原宮・伊雑宮，摂末社では田辺神社・蚊野神社などがある。

以上にみたように，鏡は，神マツリに用いる祭祀具あるいは神にささげる料物であり，さらには祭神が日常に用いる神宝，そこに神霊がやどる御神体（御形）とも観念された。

もともと大和王権の王や各地の在地首長は，自ら神マツリに預っていたらしい。崇神紀6年条にみえる伝承では，天皇の大殿の内に天照大神と倭大国魂の二神を並び祭っていたが，その神威が余りに大きく，共に住むには安からず思われたので，天照大神を豊鍬入姫命に託して倭の笠縫邑に祭らせ，さらに垂仁朝に至り，倭姫命は各地を巡歴した末，五十鈴川の川上に斎宮を立てて祭ったという（垂仁紀25年3月条）。『古語拾遺』にも，ほぼ同様の伝承がみえている。

5 首長の権威としての鏡

これらの伝承は，大和王権の王が自ら神マツリに預る祭祀王でもあったことを微かに伝えている。各地の首長も同様であっただろう。とりわけ4世紀代の前期古墳に鏡を副葬することが多いのは，被葬者が神マツリに預っていた事実を反映しているかと思われる。祭政一致の段階から，マツリゴト（政治）と神マツリが分離する段階に進み，神マツリには氏族内から選ばれた巫女と祭祀を専業とする集団が預るようになった。推測の域を出ないが，各地で検出されている祭祀遺跡の状況をみると，5世紀段階には祭政分離の状況が確立していたようである。

そうした状況下において，鏡はむしろ王や首長の権威を示すもの，領域の支配権を象徴する宝器とされて伝世されるようにもなったと推測される。

日本武尊が東征の途次，海路，上総から陸奥に

図1 画文帯環状乳神獣鏡（埼玉県稲荷山古墳）
（埼玉県立さきたま資料館提供）

図2 画文帯環状乳神獣倭鏡（京都府久津川車塚古墳）
（泉屋博古館提供）

至るに際して，大鏡を船に懸けたとするのは（景行紀40年条），その大鏡が王権のシンボルであったことを伝える。また周防の娑麼の女性首長であった神夏磯媛が，賢木の上枝に八握剣，中枝に八咫鏡，下枝に八尺瓊を懸け，また素幡を船の舳に樹てて，景行の使者のもとに出向いたとの伝承は（景行紀12年9月条），それらの宝器が領域支配の象徴であり，それらを献上したことで服属を誓約したことを伝える。同様に仲哀紀8年正月条には，筑紫の岡県主の祖の熊鰐，伊覩県主の五十迹手が賢木に八尺瓊・白銅鏡・十握剣を懸けて服属を誓い，五十迹手は「白銅鏡の如く，分明に山川海原を看行せ……」と言ったと伝える。この伝承は，鏡が領域支配のシンボルであったことをよく示している。

伊勢神宮の内宮御正殿に奉安されている八咫鏡が神器の1つとされ，また『日本書紀』によれば，継体以降，大王即位に際して捧げられる神璽として剣と鏡がみえるのも，鏡が国土統治の象徴であったことを示している。

こうした鏡が天皇の威儀を増加させるものとして利用されるに至った経緯は容易に推定できる。7世紀後半に，即位式や元日朝賀が大極殿の高御座でおこなわれるようになった[4]。それらの儀式の前日に高御座が組み立てられ，高御座の内部には25面の鏡が懸けられた（延喜内匠寮式および内蔵寮式）。多数の鏡による反射で，天皇の姿はより神秘的にみえたことだろう。

仏殿内にも多数の鏡が懸けられ，荘厳な世界を現出した。天平19年（747）の「大安寺伽藍縁起並流記資財帳」によれば，当時，大安寺には1275面の鏡が所蔵されており，また宝亀11年（780）の「西大寺資財流記帳」によると，薬師金堂の薬師三尊には348面もの鏡がつけられていた。大仏建立を契機に神仏習合が始まり[5]，また天皇のうちには聖武や称徳のように，出家する事例が出現し，鏡をめぐる信仰・観念が，以後，多様化していくこととなった。

註
1) 和田 萃「古代日本における鏡と神仙思想」（森浩一編『鏡』所収，社会思想社），1978。同「鏡と神仙思想―古代日本の"聖"と"力"」『季刊 ZEUS』7, 1991
  なお本稿では紙幅の関係で，鏡と神仙思想および道教との関わりについて言及できなかったが，上記の論文を参考にしていただければ幸甚である。
2) 『岩波 古語辞典』による。
3) 和田 萃「古代の出雲・隠岐」（森浩一編『日本海と出雲世界』所収，小学館），1991
4) 和田 萃「タカミクラ―朝賀・即位式をめぐって」（岸俊男教授退官記念会編『日本政治社会史研究 上』所収，塙書房），1984
5) 和田 萃「大仏造立と神仏習合」（岸 俊男編『日本の古代15 古代国家と日本』所収，中央公論社），1988

●最近の発掘から

縄文後晩期のムラ————————群馬県矢瀬遺跡

三宅敦気 月夜野町教育委員会

1 遺跡の位置

　月夜野町は群馬県北部の沼田市と水上町の間に位置している。この付近は，西の大峰山と東の三峰山の中央を南北に流れる利根川を頂点とした「Ｖ」字形の谷状盆地で，両岸には河岸段丘がよく発達し，急峻な崖面をいたるところにみることができる。遺跡は，上毛高原駅の北東約 700 m に位置し，利根川河岸段丘の最下段面を深沢と諏訪沢で開析された小さな高台の端部，標高約 396 m の緩斜面地に立地している。また，当地は利根川の河川敷面との比高差約 15 m，南西方向の郷土歴史資料館などが立地する段丘中段面とは約 35 m 以上の崖面でそれぞれ分断されている。遺跡の景観は，北に谷川連峰，東に眼下の利根川と向岸の山々，西に山裾からつながる段丘崖，南に沼田台地から赤城山北麓が遠くみえる。

2 調査の経緯

　遺跡は，町営上組北部地区土地改良事業および町道悪戸一矢瀬線建設工事に伴う事前の発掘調査によって確認された。それ以前には，分布調査などにより周知こそされてはいたが，遺跡の内容までは把握されていなかった。そのため，1992 年の 6 月から，約 3 万 m² のうち道水路部分を対象にトレンチを設定し確認調査を行ったところ，一部分のみに集中して多量の遺物が出土した。そこで，その周辺の約 5,000 m² について拡張し調査を進めた結果，住居址群をはじめとする注目すべき施設が次次に検出され，驚くべき集落の全容がみえてきた。さらに，全国的にも類例のない遺構や珍しい遺物などの確認も拍車をかけ，マスコミに大きくとりあげられた。その直後から県内ではまれにみる反響を呼び，町や県の関係部局，とくに土地所有者などの地元関係者の理解・協力のもとに遺跡の保存が決定された。

3 遺跡の概要

　遺跡は段丘端部に沿って細長く形成されている。構造は，中央付近に80基を超える配石墓が密集し，その南側の木柱根群と祭壇および水場の特種遺構を中核に据え，北から西側にかけて住居址15軒が帯状に分布する独特なものだが，これらは約 3,000 m² の範囲にコンパクトにまとまり，居住空間が広場施設や祭祀空間を囲む当時の典型的集落と同様な形態とみることができる。遺跡の時期は，縄文時代晩期前半を主体とした後期後半〜晩期後半（約3000〜2300年前）である。

　祭壇状石敷遺構　遺跡の南端に約 4×2 m の楕円形の独特の形態の石敷が確認された。北側に高さ 1 m 弱の立石を 3 つ並べ，順次南へ，円礫の平敷，仕切り石，楕円礫の横敷，小さく張り出した袖組みと 4 種の部分で作られている。ここから水場へ伸びる石列は，方形木柱列と平行する。また，立石の北側に隣接し深鉢が埋設されている。

　水場と作業場　水場は大きさ約 5×3 m，深さ約 1 m の砂層の下まで掘り下げた湧水地である。祭壇側には石皿や台石を設置した作業場状石敷があり，東西両側には満水位に作業用の段（足場）がみられる。排水路は，方形木柱列を避け南へ伸びてから利根川方向に折れていく。水路の両側には石が組まれ，水場南の立石列に移行している。下層から多量の自然木と，トチ，クルミ，クリ，カヤなどの木の実が出土した。

　木柱根群と方形木柱列　柱穴の中には49本の木柱根が残存していた。内訳は半截材24本，丸材15本，その他10本。半截材は径 50〜40 cm が多く，最大径 65 cm を測り，すべて芯をはずして割られていた。丸材はほとんど 5〜20 cm の径であるが，1 本だけ 55 cm を超える。樹種はクリ材が多い。自然石を柱穴に詰めて固定したものが多くみられた。また，太さ 50〜40 cm の半截材だけを 4 本または 6 本用い，割り面を内側に向けて立てた約 5 m の方形木柱列が 2 つ検出された。この 2 つの木柱列は，重複関係にあることから，遺跡内の固定的位置に立て替えが行われていることがわかる。

　住居址群　配石墓群の西側に隣接して 3 軒，北側に 5 軒，範囲内に 7 軒の住居址がそれぞれ検出された。1 号住は，一辺約 8.5 m の方形で，10本の柱穴がある。4, 5 号住と 9, 10号住はともに重複関係にあり，炉が残るが壁は確認できない。7 号住は隅丸方形で，4 本柱穴と壁の間を一段高く作り，焼き固めている。また，70 cm 角の炉の各角延長上に細長い石をほぼ 25 cm 方形の目の字状に配置した，全国でも類例のない四隅袖付炉が発見された。15号の炉は 3 重に囲まれている。11〜14号柱はその覆土上に配石墓が作られていて，ともに炉の残る方形住居であるが，14号は円形の袖付炉をもつ。

　配石墓群　人為的に配置された石の他に，自然礫など

83

図1 矢瀬遺跡と付近の遺跡

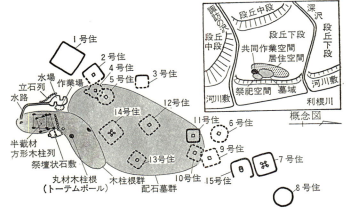

図2 遺構分布図

が密在する中, 80基以上の配石墓の存在が想定できる。この内, 確実に墓と判断できるものは半数にも満たないが, 形態, 石の配置方法, 土坑の有無, 大小の型などいろいろな要素の組み合わせによって分類できる。長さは200～30 cmで, 100 cm前後の規模が多い。また, 小区画内に複数の配石墓を配置した部分もあり, いくつかの配石墓の集合体としてグループ分けすることができる。これらには, 隣合う配石の石の共用がみられる。

4 遺物の概要

とくに配石墓群の上面遺物包含層中などから, 膨大な数量の土器片と石器が出土している。まだ整理されていないため, 詳細な内容はわかっていない。また, 火熱を受けたイノシシやシカなどの獣骨片も出土している。

土器は, 前期前半が少量の他, 加曽利B式, 安行I, II, III式, 大洞式系, 千網式などに平行する時期のものである。関東系の土器が多い中, 他地方の様相をもつ土器もみられる。器種は, 深鉢, 浅鉢, 注口土器の他台付き土器などもあり, 漆や朱塗りも出土した。また, 土偶40点, 土版3点, ミニチュア土器30点, 石冠状土製品1点などの祭祀―呪術用具, 土製耳飾り250点, 土玉3点, 土製勾玉2点などの装身具の他, 用途不明品も出土している。遮光器の目をもつミミズク土偶や, 耳飾りの対での出土などが注目される。

石器は生活道具として, 石鏃1,000点以上, 尖頭器800点, 磨製石斧60点, 打製石斧50点, 石錐200点, 石匙15点, 削器多数, 楔形石器20点, 礫器15点などの剝片石器および石錘35点, 筋砥石4点, 石皿台石多数, 磨石多数, 敲石, 丸石などの礫塊石器が出土した。石鏃は有茎が大半を占め, 完形の石皿はみられない。また石冠2点, 石鋸状石製品2点, 独鈷石1点, 石棒20点, 石剣25点, 岩版70点, 線刻礫4点, 丸石などの祭祀―呪術用具, 勾玉2点, 管玉1点, 丸玉7点などの装身具も出土した。岩版には焼けたものもあり, 細形管玉など重要な遺物も少なくない。この地方には, 通常の石器製作に利用される石材がそろっているが, 白色凝灰岩, 黒曜石, ヒスイなどの石材も持ち込まれている。さらに, 石鏃の一部にはアスファルトの付着も認められる。

5 まとめ

段丘上段に位置する深沢遺跡が最盛期を迎えた縄文時代後期半ば, 矢瀬ムラで人々の生活が始まった。当時は若干寒冷な気候であったが, 矢瀬ムラは狩猟, 漁労, 採集などの経済上, また, 後晩期の特異な祭祀社会の地域的統合拠点として発展していった。その集落形態は, 墓域を広場作業場兼用の多目的空間, 祭祀空間と共同作業空間を中核とし, 半円形に取り囲む居住空間の独特なデザインで構成されている。現在も湧き続ける人工的な水場, 住居のみでなく, 巨木柱のトーテムポール, 半截材を方形に立てた祭祀的木柱列, 大きな立石など多大な手間をかけて作り上げた立体的なムラの景観は, 当時の人人の生活イメージを彷彿させる。ムラの南の祭壇と北の7号住には, それぞれ祭祀的指標であろう"袖"を配置している。その後, 居住空間の周囲拡大と住居域から墓域への転換という土地利用形態を変化させたが, 木柱列, 水場, 祭壇は同一地点での造り替えが行われ, 固定された位置付によるムラの計画的な設計がうかがえる。ムラは従来の伝統を受け継ぎつつ, 周囲からの新しい情報や流入物を取り込みながら経営されてきたが, 何らかの理由から, 人々は水場に大きな石を詰め込み廃棄した後, この地を去った。利根川対岸の八束脛洞窟遺跡に墓地を築いた弥生文化は, すぐそこまできていた。

今後, ムラに残されていた縄文人の世界観, 宗教観また社会のしくみを展望していきたい。

現在, 遺跡は保存のため埋め戻され見学できないが, 郷土歴史資料館にて出土遺物の一部を展示している。

縄文後晩期のムラの全容
群馬県矢瀬遺跡

群馬県北部山間の月夜野町のほぼ中央，利根川河岸段丘最下面に立地する矢瀬遺跡は，類をみない各種遺構群の内容，形態により興味深いムラの全体像が浮かびあがった。

矢瀬ムラは"袖"を指標とする独特な祭祀，葬送儀礼の場を中心に，墓域や居住区域の各機能空間の総体として，多大な労力を費やし創造された立体的な景観をもつ。

構　成／三宅敦気
写真提供／月夜野町教育委員会

遺跡近景（南から）

遺跡全景（右が北）

半截材木柱痕（径55cm）

丸材木柱根（径55cm）

群馬県矢瀬遺跡

半截材方形木柱列
人の位置に6本の木柱痕がある

四隅袖付炉
左奥は破壊されている

祭壇状石敷遺構
手前が張り出し袖。立石は復原

7号住居址
一辺6〜7m。柱穴と壁の間が焼かれている

水場状遺構
左方向へ水路がのびる。手前が作業場

8号配石墓
約2×1m。奥に6号、右に7号

縄文後晩期の葬制を示す
秋田県虫内Ⅰ遺跡

虫内Ⅰ遺跡は縄文時代後期末から晩期前葉にかけて営まれた推定範囲20,000㎡を越える極めて大規模な墓域の中心的位置を占める遺跡である。調査によって，膨大な遺物のほか，多数の土器埋設遺構をはじめ，土坑墓，柱穴群など埋葬に関連すると推定される多様な遺構群が確認され，当該期の葬制を検討する上で注目される。

　　　構　成／榮　一郎
　　　写真提供／秋田県埋蔵文化財センター

完形の粗製深鉢を正位に
据えた土器埋設遺構

円礫で蓋をした土器埋設遺構

別個体の粗製深鉢を逆位に
入れ子にした土器埋設遺構

楕円形平面の土坑墓

秋田県虫内Ⅰ遺跡

←円礫を充塡した円形平面の土坑

↓二重にめぐる溝（柱穴列）と柱穴群

←方形の柱痕跡が認められる大形柱穴

円礫を充塡して埋め戻した柱穴→

●最近の発掘から

縄文後期～晩期の大墓域──秋田県虫内Ⅰ遺跡

榮　一　郎　秋田県埋蔵文化財センター

　虫内Ⅰ遺跡は秋田県平鹿郡山内村土淵字虫内に所在す
る縄文時代後期末から晩期前葉の墓域である。遺跡は奥
羽山脈西麓を西流する横手川左岸の標高 105 m 前後を
測る最低位沖積段丘面上に立地する。遺跡の北西と南に
は小規模な沢を挟んで同一段丘面にそれぞれ虫内Ⅱ遺跡
と虫内Ⅲ遺跡とが存在し，さらに前者の北西隣の標高
130 m 前後の中位段丘面には小田Ⅳ遺跡がひろがってい
る。これらの虫内Ⅱ・Ⅲ遺跡および小田Ⅳ遺跡の虫内Ⅱ
遺跡に面した段丘崖沿いの縁辺部は虫内Ⅰ遺跡と一連の
縄文時代後晩期の墓域ととらえることができ，その全体
のひろがりは 20,000 m² を越えるものと推定される。こ
れらの遺跡は1991（平成 3）年度から1993（平成 5）年
度にかけて東北横断自動車道建設に伴う発掘調査の対象
となり，その調査対象範囲は当該期の墓域のほぼ中央を
南東から北西に貫くものと考えられる。

1 遺　構

　虫内Ⅰ遺跡は 1991（平成 3）・1992（平成 4）年度に
計 2,700 m² の発掘調査を終了した。その対象はおよ
そ 19,000 m² におよぶ遺跡推定範囲のうちの東南端部
2,200 m²（以下Ⅰ区と呼ぶ）と遺跡中央から北側を約 5
m 幅で縦断する 500 m²（以下Ⅱ区と呼ぶ）である。現
在まで概算で土器埋設遺構166基，土坑284基，溝（柱穴
列）2 条，柱穴 970 基余，竪穴住居跡 3 軒，配石29基，
石囲い炉 4 基などを調査した。以下，代表的な遺構につ
いて略述する。

　土器埋設遺構は埋設する土器よりも一回り大きな掘り
方内に器高 30～40 cm 前後の完形の粗製深鉢を正位に
据えるものが過半を占める。他に底部を穿孔したもの，
逆位に据えたもの，円礫あるいは大形の土器片で蓋をし
たとみられるもの，別個体の深鉢を正位もしくは逆位に
入れ子にしたものなどもあり，その変異は少なくない。
また，土器内から装身具とみられる有孔の石製品や土製
耳飾り片が出土した例がある。その分布は疎密が認めら
れるが，Ⅱ区中央部から北西側を除いたほぼ全域に及ぶ
ものと想定される。この土器埋設遺構は虫内Ⅱ・Ⅲ遺
跡・小田Ⅳ遺跡にも分布する。現在までで合わせて250
基近く確認されており，その多さは虫内Ⅰ遺跡をはじめ
としたこれら諸遺跡の大きな特徴となっている。

　土坑は一部の不定形のものを除き，その平面形が長径

1.5 m 前後の楕円形基調をなす一群と円形をなす一群と
に大別できる。前者は，長軸方向をほぼ等しくする 2～
4 基前後でまとまりを形成し，そのまとまりは後述する
遺物包含層の周囲に点在する傾向が認められる。これら
の土坑は覆土が基本的に人為的な埋め戻しと判断できる
ほか，赤色顔料検出例があることなどから，いずれも土
坑墓と考えられる。これらの土坑墓には，装身具とみら
れる小玉の出土例や土器を副葬したとみられるものなど
も若干例存在する。また，この形態の土坑墓は周辺の虫
内Ⅱ・Ⅲ遺跡・小田Ⅳ遺跡でも確認されており，とくに
虫内Ⅲ遺跡では小範囲に集中的に分布している。

　一方，円形平面の土坑はその規模や遺物の包含状況，
覆土の堆積状況などは多様であり，今後細分する必要が
ある。特徴的な例を挙げると，直径 1 m 前後で，人頭大
の円礫を充塡したものや，数個体分の大形土器片を敷き
詰めたものなどがある。また，赤色顔料や副葬品と推定
できる壺や石槍・打製石斧などの確認例もあり，他の遺
構群の性格や分布状況も勘案すれば，その多くは土坑墓
の可能性が強いものと推定される。これらの円形平面の
土坑はⅠ区東側から北側，さらにⅡ区の東南側にかけて
分布し，一部後述する遺物包含層と重なっている。現時
点では楕円形平面の土坑墓群のような有意な分布状況を
指摘することはできない。また，この形態の土坑は周辺
の虫内Ⅲ遺跡などにも分布するが，楕円形平面の土坑墓
に比し，その数は少ない。

　2 条の溝（柱穴列）はⅡ区中央部で円形に 1 m 前後の
間隔で二重にめぐるものである。全体の1/2弱を確認
し，直径 12～13 m ほどの規模となるものと推定され
る。現状では底面に柱穴を有する溝部分と柱穴列となる
部分とに分かれるが，遺構上部の削平が著しく，本来の
構造は明確ではない。

　柱穴は直径 20～30 cm，深さ 20 cm 前後の小形のもの
と直径 50～80 cm，確認面からの深さ 90 cm 前後の大形
のものとに分かれる。前者の分布は疎密があるが，大勢
として土坑群の分布と対応するとみられる。後者はⅡ区
中央部に集中する。これら大形柱穴は径 30 cm 前後の
柱痕跡が認められるものと柱を抜き取り後埋め戻したも
のとが存在する。中には人頭大の円礫を充塡して埋め戻
したとみられるものがある。これらの柱穴群には現段階
で明確な配置を認定できる例は少ないが，Ⅰ区南側には

89

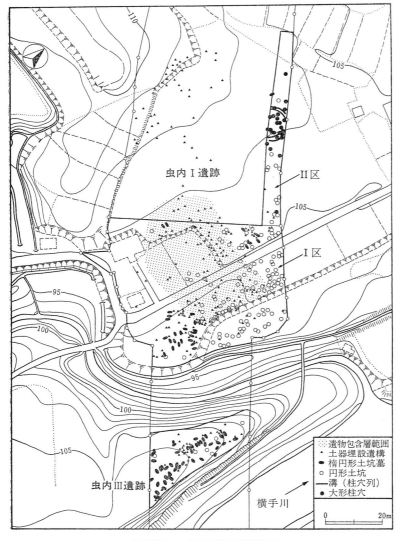

虫内Ⅰ遺跡・虫内Ⅲ遺跡主要遺構分布

小形柱穴 6 基が長軸 150 cm の六角形に配されたものが 2 例ある。

3 軒の竪穴住居跡は I 区東側に位置する。1 軒が縄文後期末に，2 軒が縄文晩期前葉に属し，いずれも長径 2〜4 m 前後の楕円形平面の小規模なものである。

2 遺物包含層

遺物は I 区の中央から南東にかけて存在する沢に形成された大規模な遺物包含層から大量に出土している。遺物包含層はおよそ 1,300 m² に広がり，最大で 80 cm 前後の厚さである。縄文後期末（いわゆる瘤付土器の後半段階）から大洞 BC 式までの土器を主体とし，石器・石製品・土製品を伴っている。後二者には石棒・石剣・岩版・小玉・土偶・耳飾りなどがある。これらの石製品・土製品の出土量は全体の遺物量に比し必ずしも豊富とは言えず，その出土状況にも特徴的な例を指摘できない。なお，この遺物包含層中には多量の搬入礫が存在し，明瞭な配石を形成するものも認められる。

3 まとめ

最後に現段階の知見にもとづいて各遺構の分布とその変遷を予察し，まとめとする。

虫内Ⅰ遺跡では I 区東側において先の遺物包含層形成以前の土器埋設遺構が数基確認されている。この時点では縄文後期末の竪穴住居跡 1 軒も併存していた可能性もあるが，その実態は不明瞭である。以後，遺物包含層が大洞 BC 式期まで継続して形成されるが，遺物包含層の土質からは当初の縄文後期末の遺物包含層形成後に，縄文後期末から大洞 B 式期にかけて周辺地域が大規模に開発された可能性が推定される。Ⅱ区中央部の大形柱穴群もこの段階と前後して出現し，以後大洞 BC 式期まで廃絶と構築が繰り返されたと考えられる。また，円形にめぐる溝（柱穴列）は大形柱穴との切り合い関係から，相対的に後出のものと推定される。この他，円形平面の土坑や土器埋設遺構もこの段階以降増加したものと予想され，後者は大洞 B 式期には少なくとも虫内Ⅲ遺跡まで分布を拡大しているものと推定される。一方，楕円形平面の土坑墓は，周辺の虫内Ⅱ・Ⅲ遺跡や小田Ⅳ遺跡にも分布が認められるが，これらの多くは大洞 BC 式期に属するとみられる。

未調査範囲が大きく，かつ現時点では資料整理が不十分なために極めて不確実ではあるが，ここでは縄文後期末から大洞 B 式期にかけて，遺跡中央部に大形柱穴群などが分布し，それを取り囲むように土器埋設遺構・土坑墓・遺物包含層などが分布するという大規模な墓域としての基本的な空間構造が確立し，大洞 B 式期以降，虫内Ⅲ遺跡などまでその範囲を拡大しつつ，その基本構造は大洞 BC 式期まで持続したものと予想しておく。

連載講座
縄紋時代史
17. 縄紋人の領域（4）

北海道大学助教授
林　謙作

　遺跡群の分析，これも縄紋人の領域のひろがりや構造を推定する有力な手がかりとなる。今回は，遺跡群の分析にもとづく研究を紹介し，この方法であきらかにできること，そこに残される問題について，考えてみることにしよう。

1. 遺跡群と領域

　遺跡群という言葉がさかんに用いられるようになったのは，1960年代のことである。1960年代にはじまる大規模開発にともなって，遺跡の保存と開発の問題は，全国で議論がたたかわされた。開発を進めようとする側は，貴重な遺跡・代表的な遺跡だけを保存すれば十分だ，という考え方（＝選択保存）をさかんに主張する。おなじような遺跡を，全部調査する必要はないだろうという意見も，めずらしくなかった。これに対して，保存の側は，つぎのような主張をする。ひとつの地域のなかの遺跡は，それぞれの個性があり，たがいに結びついている，一部の遺跡だけを残したのでは，この結びつきがうしなわれてしまう。一部の遺跡だけを調査して，ほかは調査もせずに壊してしまうなどというのは，問題にもならない。遺跡群というのは，このようなやり取りのなかで，遺跡の保存を主張する立場から，さかんに使われるようになった言葉である。

　遺跡群というのは，ひとつの地域のなかの遺跡の集合，つまりバラバラの遺跡のよせ集め，ではない。遺跡Aは遺跡Bから移住してきた人々が住み着いた集落かもしれない。遺跡C・D・E・Fは，集落Gの住民の狩場かもしれない。水田跡Hは，集落Ⅰの住民が作ったものだろう。前方後円墳Jの築造に動員されたのは，集落K・L・M・Nの住民だろう……。ひとつの地域の遺跡のあいだには，さまざまな結びつき・関係があったはずなのだ。結びつき・関係の中身は，ただちにあきらかになるものではないとしても，いくつかの遺跡のあいだにそのような関係が成り立っていたこと，それは間違いない。遺跡群というのは，その事実を前提としており，ひとつの地域のなかのたがいに関係のある遺跡のまとまり（＝複合体）を指しているのだ。したがって，領域を復元する手がかりとして，遺跡群を分析するのは，ごく当然のことだといえる。

　ただし，地域というものの中身は，ものさし次第でさまざまにかわる。普通は，都道府県ていどの範囲が，遺跡群というものを問題にするときのもっとも大きな単位だろう。しかし，この程度の範囲でとらえた遺跡群は，縄紋人の領域を推定する，という目的にはほとんど役にたたない。たとえば東北歴史資料館は，県下の貝塚の分布をしらべ，県内の貝塚を四つのグループにわけている[1]。このグループのひとつひとつを遺跡群と考えることもできないわけではない。しかしこの結果から，現在の宮城県にあたる地域に住んでいた縄紋人の領域について，なにか判断しようというのは無理な相談だ。領域の問題について考える材料として，遺跡群をとりあげる場合には，もっとせまい地域を取りあげるほうが適当だ。それも，広い平野の一部のようなところよりは，山脈・海・大きな河川などで，線引きができるところの方が都合がよい。まわりを海で囲まれている島などは，理想的だといえる。

2. 遺跡群分析の実例

2-1. 里浜貝塚群——一地域一集団の事例
　宮城・里浜貝塚群は，島のなかの遺跡群の一例

である。松島湾の東側の入口に，宮戸島という島がある（図2）。里浜貝塚群は，この島にある。いまは陸続きになっているが，もとは幅2kmたらずの水道があった。島の東・南側の外洋に面したところにも遺跡は分布している。しかし規模の大きなものは，島の東側にある室浜貝塚（前期初頭・後期中葉）だけで，ほかはみな規模も小さく，年代も古代までさがるものが多い。島の北側の対岸，いまのJR仙石線野蒜駅のあたりにも，きわめて規模の小さい貝塚が散在している。ここから里浜地区までのあいだ，波打ちぎわにできた崖（＝波蝕崖）の岩陰には，たき火の痕跡がのき並に残っている。ごくまれに土器・獣骨・貝殻などのかけらが見つかることがある。里浜の住民がごく短期間・かぎられた種類の活動の足がかりとして利用した場所もあるのだろう。

里浜貝塚群は，島のほぼ中央から東にむかって突き出す岬にあり，北から，西畑北（図1-①）・西畑（同②）・里浜（同④）・寺下（同③）・台（同⑤～⑦）・袖窪（同⑧・⑨）・梨ノ木（同⑩・⑪）の7地区・11地点にわかれる[2]。地点によって時期のズレがあるので，集落の移動のありさまをたやすく推定できる。

里浜貝塚群の地区ごとの時期を整理してみると，表1のようになる。袖窪→台→梨ノ木→袖窪・台→台→里浜／寺下→西畑という順で，集落が移動しているのだろう[3]。前期中葉をのぞけば，この流れには切れめがない。西畑北は，集落が西畑にあったときの，製塩の作業場である。台と里浜／寺下それに西畑では，時期がかさなっており，二～三カ所に集落がわかれていた可能性もある[4]。しかし，人骨の出土は中期中葉から後期前葉にかけては袖窪に，後期中葉から晩期中葉にかけては里浜／寺下に集中している。墓域が一カ所に固定していたらしいから，集落がいくつかに別

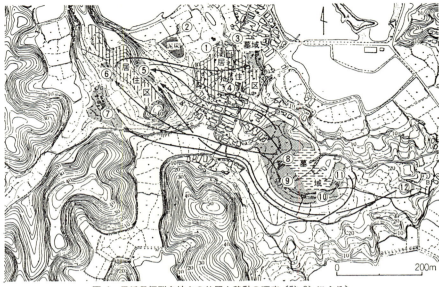

図1 里浜貝塚群各地点の位置と移動の順序（註3）による）
①西畑北，②西畑，③寺下，④里浜，⑤～⑦台，⑧・⑨袖窪，⑩・⑪梨ノ木

表1 里浜貝塚群の各地区の時期

	袖窪	台	梨ノ木	里浜	西畑	西畑北	寺下
前期 前葉	○						
前期 中葉							
前期 後葉		○					
中期 前葉		○					
中期 中葉		○					
中期 後葉		○	○				
後期 前葉	○	○	○				
後期 中葉		○	○	○	○		○
後期 後葉			○	○	○		○
晩期 前葉			○	○	○	○	○
晩期 中葉				○	○	○	○
晩期 後葉					○		○
弥生							○
古墳							○

れていたとしても，その住民はひとつの集団にまとまっていた，と考えてよい。

すでに説明したように，宮戸島には，ほかの集団が住んでいた形跡はない。ひとつの集団がつぎつぎに集落の場所を移していたことになる。念のために，島の外のようすを確かめてみよう。話を簡単にするつごうで，後・晩期の遺跡だけを取りあげることにする（図2）。

松島湾内で，後・晩期の規模の大きな遺跡は，里浜貝塚群のほか，宮戸島の東側の対岸・七ヶ浜半島の二月田貝塚，湾奥の西ノ浜貝塚，あわせて

三カ所である。ほかに宮戸島の北東にある鳴瀬川の川口から4km, 里浜／寺下から8.5kmほどのところに川下り響貝塚がある。しかし, いまはかろうじて場所がわかるだけで, 詳しいことはまったくわからない。さしあたり, 考えに入れぬことにする。

里浜・二月田・西ノ浜, 松島湾の後・晩期の住民は, この三つの集落のうち, どれかひとつのメンバーだった, そう考えてよいだろう。いいかえれば, 松島湾は, この三つの集落の住民の領域だったことになる。それぞれの領域を線引きすることはできるだろうか。かりに, 三つの集落の人口密度に大きな差がないもの, と仮定してみよう。人口がおなじなら, 必要とする資源の量も, おおまかにみればそれほどの違いはない, ということになる。湾内の資源の分布に大きなかたよりもないとしよう。このような仮定のもとに,

(1) ふたつの遺跡の直線距離をはかり,
(2) その距離を半径とする円を, ふたつの遺跡を基点として描く。
(3) この二つの円の交点をむすぶ直線を引き,
(4) この操作を, すべての遺跡のあいだの距離を二等分するまでくり返す。

この操作の結果, 閉じた多角形ができれば, その範囲がひとつの領域になる。これがティーセンの多角形 Thiessen Polygon で, 地理学で地域分析のてはじめにもちいている方法である[5]。里浜・二月田の場合には, 領域が外洋にどれだけひろがるのか見当がつかず, 閉じた多角形はできないから, 領域の面積の見当はつかない。西ノ浜の水上の領域は, 閉じた多角形の面積——およそ27km²となる。

この面積は, ひどく乱暴な試算にすぎない。松島湾内の島・最近の埋立地の面積も無視しているし, いくつかの仮定も乱暴すぎる。しかし, 時期ごとの集落の規模・松島湾内の資源の分布のあり

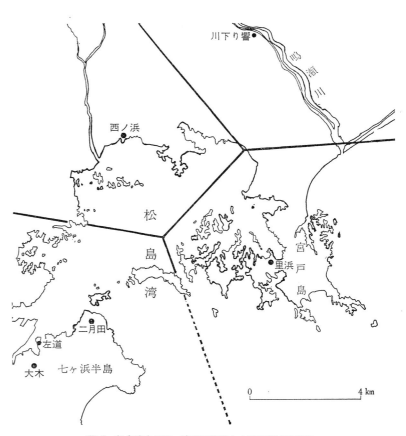

図2 松島湾内の後・晩期の遺跡と内湾の領域の推定

さまがわからなければ, この数字を土台から修正するのは無理だ。ただし, このような線引きがなりたっていたとすれば, 西ノ浜の住民は, マグロ・カツオなど, 外洋から入ってくる資源をほとんど利用できないことになってしまう。これはなんといっても理屈にあわないし, 西ノ浜でもマグロの骨は少なくない。だからこの数字は, 海草・貝・内湾性の魚などを利用する場合の, 領域のひとつの目安と考えておくべきだろう。里浜・二月田・西ノ浜の住民は, 外洋からはいってくる資源には入会制をとっていた可能性が高いことになる。その範囲は, 二月田・里浜から丸木船をだし, 操業して陽のあるうちに帰ってこられるところだろうが[6], 今のところ, 数字ではしめせない。

陸上の領域はどうだろうか。里浜西畑地点の報告書では, ここの住民はほぼすべての資源を島のなかで調達していた, と解釈している[7]。この解釈がただしければ, 宮戸島の面積 7km²強[8] があれば, 陸上の資源を利用するには不自由はなかった, ということになる。

大泰司紀之によれば, ニホンジカの適正な——

93

つまりひとつのムレが出産率がたかく体格もよい状態をたもつことのできる密度は，1km²あたり10頭前後であるという[9]。この数字を機械的にあてはめれば，宮戸島には70頭前後はシカが棲めるわけである。島のなかのすべての地域が，シカが棲みやすい環境ではなかっただろうから，実際の数はこれをしたまわるにしても，50〜60頭は棲んでいただろう。一年に10％前後を捕獲しても，ムレの品質は維持できるとすれば[9]，5〜6頭は捕獲できることになる。里浜西畑地点の調査ででているシカの量は，その程度のものである。シカの資源量から判断するかぎり，宮戸島のなかには，島の住民の必要をみたすだけの資源はあった，と考えてよいだろう。

ただしその規模は，マツリのときの共同狩猟などを島のなかでやれば，たちまち枯渇してしまう程度のものである。マツリなど，特別な必要がおこることを考えにいれれば，島のそとに必要な資源を確保するための基地が必要になる。さきに触れた川下リ響貝塚は，そのような性格の遺跡だった，と解釈することもできるだろう。また，二月田貝塚も，西ノ浜の住民が，外洋性の資源を利用するために設置した分村あるいは前進基地が定着したもの，と解釈することもできよう。ただしいまのところ，このような解釈を裏づけるたしかな証拠はなにもない。

里浜貝塚群の場合，ひとつの集団が，ひきつづきひとつの地域を領域としていたと推定できる。仙台湾から南三陸にかけて，東北地方の太平洋沿岸では，ひとつの地域のなかに，同時に併存する遺跡の数はかぎられているようである。大船渡・広田湾沿岸では，後・晩期の拠点集落と考えてもよい遺跡は，広田湾の中沢浜・大船渡湾東岸の大洞・西岸の下船渡・湾奥の長谷堂の四ヵ所。中期以前になると，さらに少なくなる。古稲井湾沿岸でも，後・晩期に併存していた可能性があるのは，沼津・南境・尾田峯の三ヵ所[10]，後期前葉以前になれば沼津・南境の二ヵ所になる。

この分布密度は，おなじ貝塚が多い地域でも，東京湾沿岸などにくらべると，いちじるしく低い。この地域では，東京湾沿岸のように海岸段丘が発達しておらず，侵蝕をうけたやせ尾根がつづいており，規模の大きな集落をつくれる場所はかぎられている。したがって，この地域の住民は，おなじ場所に長い期間住みつづけることになる。

一度できた集落が，跡形もなくなってしまうことは，まずなかっただろう。このような集落のありかたは，住民の資源利用の方針，領域の構成や規模も左右する。

大船渡湾沿岸に，いくつかの集落が併存するようになるのは，後期中葉からのち。中期前葉までは，ひとつの台地にひろがるような規模の遺跡は，東岸の蛸ノ浦貝塚一ヵ所だけである。松島湾でも事情はおなじで，早期後葉あるいは前期前葉から中期後葉まで切れめなくつづく集落は，宮戸島（袖窪→台→梨ノ木）と七ヶ浜半島（左道→大木）にそれぞれ一ヵ所しかない（図2）。大船渡湾では沿岸の全域がひとつの集団の領域，松島湾では東半分と西半分を宮戸島・七ヶ浜半島を本拠とする集団が分割していたのだろう。この領域が三分・四分されるのは，後期中葉から後のことで，そのあいだ千年を単位とする時間が経過している。

これらの地域では，魚類が住民のおもな食料資源のひとつになっていた[11]。広い範囲を回遊するもの（ニシン・マイワシ・サンマ・ブリ・マグロ・カツオなど）はいうまでもなく，季節あるいは成長の程度によって，内湾と沖合いのあいだを移動するもの（スズキ・タイ・アジ・メバル・アイナメなど）[12]は，たとえおなじ場所で漁をつづけていたとしても，取りつくしの危険は小さい。ひとつの集落が，おなじ場所にながい時期にわたってつづいているのは，この地域の住民がこのような移動性の高い資源を利用していたのもひとつの理由になっているだろう。

しかしおなじ魚でもハゼ・ボラなど移動性の低いもの，海草や貝のようにまったく移動しない資源の場合には，無制限に捕獲をつづければ，取りつくしてしまう。捕獲する量や期間を制限する，捕獲のできる場所のうちいくつかは捕獲を止める，そのような措置が必要になるだろう。燃料・食料などに利用する植物についても，おなじような配慮が必要であったに違いない。

松島湾・大船渡湾などの地域，その領域の特徴は，つぎのように要約できる。

1) 領域の範囲の変動が起こるのは，数千年に一度のことで，範囲はきわめて長い期間安定している。

2) 領域の範囲はかなり広く，ひとつの集団が共同して利用する傾向をうかがうことができる。

3) ただし，資源の種類によっては，ひとつの領域を分割し，交互に利用していた可能性が高い。

このような特徴をもつ領域を，「南三陸型」とよぶことにする。

2-2. 八ヶ岳西南麓——一地域複集団の場合

宮戸島の住民はかなり広い地域を領域として利用していたことが比較的たやすく推測できる。しかし日本列島全体でみれば，このような地域はむしろ例外である。とくに，東日本のように，遺跡の総数が多いところでは，ひとつの集団の領域を推定することは容易ではない。八ヶ岳西南麓の中期の遺跡群は，このような一例である。

この遺跡群については，すでにいくつかの考察が発表されている[13]。ここでは，勅使河原彰が最近発表した分析結果を紹介することにしよう[14]。

八ヶ岳西南麓の遺跡群は，標高 800〜1,200 m という亜高山帯にある。勅使河原のしめした分布図によれば，およそ 220 km² の範囲に186カ所の遺跡が分布している（図4）。400 m 四方の範囲に二カ所は遺跡がある勘定になる。

早期の遺跡はきわめて少なく，一時的な宿営地（テンポラリー＝キャンプ）ばかり。前期になると環状集落もあらわれるが，立地も標高900m前後の尾根の先端にかぎられ，阿久などのわずかな例をのぞけば，ほとんどの集落が土器一型式のうちに廃絶している。ただし，後期後葉になると，遺跡数も多くなり，それまで尾根の先端だけにあった集落は，山麓斜面にひろく分布するようになる。中期になって，この傾向はさらに顕著になり，九兵衛尾根期には，「いっせいに集落の分布が拡大する」[15]。

すでに多くの人が指摘しているように，中期の集落が多くなるのは，堅果類（ナッツ）を中心とする植物性食料を利用する技術の発達とむすびついている。勅使河原は，阿久（前期）・大石（中期前葉）・居沢尾根（中期後葉）の石器の顔ぶれをくらべ，中期前葉を境として，打製石斧が増加することを指摘している。さらに，高風呂遺跡では，前期末葉に打製石斧，中期前葉には凹石・磨石が多くなり，いれかわりに石鏃がきわめて少なくなるという（図3）。「植物採取・加工具の発達（打製石斧・磨石・凹石の増加—林）とあわせて，食用植物を高度に利用する生業形態」が，遺跡の爆発的な増加の原因となる[16]。さきに，南川・赤沢らがコラーゲン分析にもとづいて，長野・北村の住民の食品は，植物性食料にきわめて大きな比重がかかっていたと推定していることを紹介した[17]。八ヶ岳西南麓の中期の石器の組みあわせの特徴も，これと矛盾しない。この地域でも植物性食料の比重は大きかったのだろう。

このような生業のシステムは，かぎられた種類の資源の比重が大きくなりすぎ，中期後葉になって気温が低下すると，たちまち遺跡数が落ち込む結果となることは，多くの人が指摘している。それはともかく，このような生業システムは，領域の構成や分割のしかたにも，影響をおよぼしていたのではなかろうか。

勅使河原は，この地域では，ひとつの尾根の上におなじ時期のふたつの集落が，2 km 前後の距離をへだてて併存している場合が多いことを指摘している[18]。ただし，この傾向は八ヶ岳西南麓全域に共通するわけではなく，立場川南岸から甲六川北岸のあいだの地域では，ひとつの尾根にある集落はひとつにかぎられている。勅使河原は，この理由を，勾配が急なために集落をつくるのにむいた土地がせまいからだ，と説明している[19]。この区域では，前期とおなじように，尾根の先端に集落があつまるわけで[20]，八ヶ岳西南麓の集落の占地の古い伝統がいきている，と解釈できよう。言葉をかえれば，勅使河原が指摘している 2 km 前後の間隔をおいて併存している集落というのは，中期になってからの新しいかたちの土地利用の産物だ，と考えてもよか

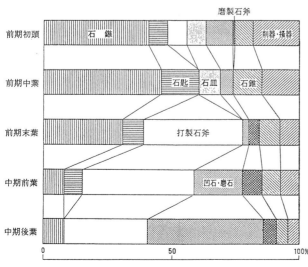

図3 高風呂遺跡での石器組成の変遷（註14）による）

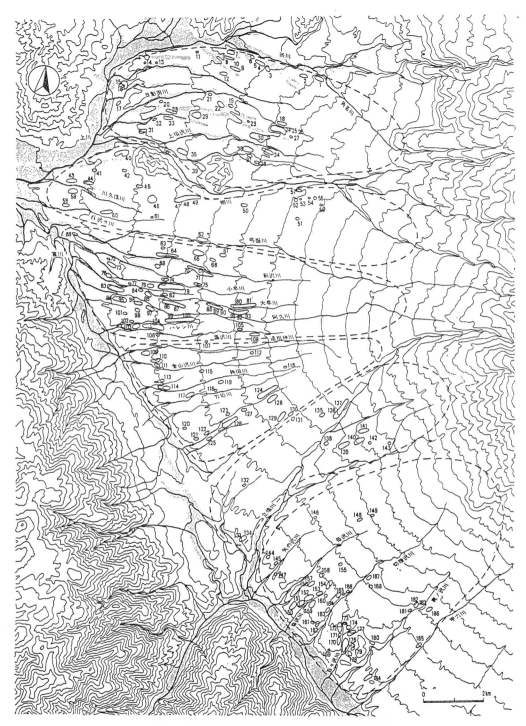

図 4　八ケ岳西南麓の中期の集団領域（註14）による

ろう。
　勅使河原のしめした遺跡の地図とリストから，遺構があることが確実な遺跡（遺跡 a），遺構がないか・有無が確認できない遺跡（遺跡 b）を集計し

てみた（表 2）。この表の I〜III の区分は，勅使河原論文の第 6〜10 図の上段〜下段の区画とほぼおなじで（ただし I・II の範囲はやや広くなっている），III は立場川南岸から甲六川北岸までの区域にあた

表2　八ケ岳西南麓主要地域の遺跡数の変化
（註14）による
I：渋川南岸ー弓張川北岸，II：弓張川南岸ー宮川水源，III：矢ノ沢川南岸ー甲六川北岸
a：遺構あり，b：遺構なし／不明

	I a	I b	II a	II b	III a	III b	I〜III a	I〜III b
九兵衛尾根I	4	9	3	13	4	6	11	28
九兵衛尾根II	5	8	4	11	3	6	12	25
獄・縄手	5	8	8	7	4	4	17	19
藤内I	6	14	8	12	4	7	18	33
藤内II	6	13	5	14	3	6	14	33
井戸尻I	4	12	5	11	4	3	13	26
井戸尻II	3	13	4	11	1	1	8	25
井戸尻III	4	11	6	7	4	2	14	20
曽利I	6	22	6	18	4		16	40
曽利II	8	24	12	19	7	3	27	46
曽利III	9	26	5	24	4	9	18	59
曽利IV	8	21	6	14	5	3	19	38
曽利V	1	19	4	15	6	3	11	37
称名寺	1	13	5	6	1	2	7	21
堀之内	6	9	8	14		6	14	23
加曽利B	1	1	1	2	2	1	4	4

る。あきらかにこの地域では，遺跡の数にめだった動きはみられない。

立場川以南（区域III）では，遺跡a・遺跡bの数の変化にも，あまりはっきりした傾向は読みとれない。ところが立場川以北（区域I・II）では，遺跡bは遺跡aより増加率がたかい。この傾向はとくに区域Iでめだつ。曽利III期の遺跡aの数は，九兵衛尾根I期のほぼ二倍。これに対して遺跡bは，ほぼ三倍になっている。八ケ岳西南麓の中期の遺跡の「爆発的な増加」の中身は，遺跡bの増加にほかならない。

遺跡aがすべて与助尾根・尖石などのような拠点集落とはいえない。しかし数は少ないにしても遺構が出ているのだから，遺跡bにくらべれば長い期間つづいているか，密度が高い遺跡だといえるだろう。遺跡bのなかにも，調査をしてみれば遺跡aになるものがふくまれていることは間違いない。しかし勅使河原が説明しているように，遺物は出てきても，遺構はみあたらぬ遺跡があることも確かだ。区別の仕方はあいまいだが，遺跡bをみじかい期間しか利用されていないか，密度の低い遺跡としよう。

遺跡bは，一年のうちかぎられた期間だけ，特定の活動のために利用された土地だろう。そのなかでも，生業にかかわる活動の頻度が高くなるだろう。勅使河原は，区域Iの稗田頭bを稗田頭aを拠点としている人々の生業活動の場と推定して

いる[21]。その距離は数百m。おなじ区域では，渋川の南岸の中ツ原のまわりに，遺跡bがいくつか分布している。中ツ原からの距離は，1kmを超えない。区域II・IIIでも，二種類の遺跡がおなじように分布している。さきに，ひとつの核領域のなかには，おもに生理的な分業にもとづく何種類かの亜系があると推定した[22]。八ケ岳西南麓の遺跡a・遺跡bの関係は，その一例といえる。

ここで，この地域の住民の生業が，植物性食料の利用に比重がかかっていたことを思いだしていただきたい。女性の仕事が大きな役割をはたすことになる。遺跡aと遺跡bが1kmを超えぬ範囲にまとまっている理由は，遺跡bの中身が女性の植物食料の採集や一次処理の場所だったからだろう。拠点となる集落（遺跡a）が，ひとつの尾根の上に2km前後の間隔をおいて併存しているのも，おなじ理由だろう。生活の拠点が，これだけ近い位置にあり，しかもその周囲に資源利用のスポットが散在しているとすれば，資源の消耗する速度はかなり早かっただろう。生活の拠点（＝集落）を移動して資源の回復をまつ必要がうまれる。この地域の集落は，かなり頻繁に移動していたのだろう。このようなシステムが維持できなくなった結果，遺跡の数が急激に減るのだろう。

この地域では，中期の遺跡はきわめて高い密度で分布している。しかし「調査がかなりおこなわれ」，「集落が存在してもよさそうな尾根にもかかわらず」，「集落の存在しない空白の尾根地帯」が長い期間維持されている。この空白は，個々の集団の生活領域のうえで「集団全体を包括する領域」があったことをしめしており，「集団全体を包括する領域」が「集団領域」にほかならない，というのが勅使河原の解釈である（図4）[23]。

八ケ岳西南麓の「集団領域」のなかには，いくつかの集落群が同時に併存している。さきに説明した領域の構成をあてはめれば[24]，ひとつの核領域が，いくつかの遺跡テリトリーに分割されていることになる。千葉・新田野にしても，松島湾や大船渡湾の場合にしても，ひとつの核領域は目的や機能の違う作業スポット・間隔をおいて利用する遺跡テリトリーをふくんでいる。しかし，そこを利用する集団はひとつで，核領域は分割されてはいない。しかも八ケ岳西南麓では，ひとつの集落の継続期間が，松島湾・大船渡湾などとくらべて短い。おそらく集落は頻繁に移動しているのだ

ろう。松島湾の場合のような，いくつかの集団が共同で利用する領域ははっきりしたかたちでは指摘できない。このような領域の構成を「八ケ岳型」とよぶことにしよう。

2-3. 核領域の類型

南三陸・八ケ岳，この二つの類型は，定着性の強弱・核領域の分割のあるなしなどの点で，対照的である。南三陸では漁撈・狩猟の比重が大きく，八ケ岳西南麓では植物採集の比重が大きい。この違いが，領域の構成に映しだされている。しかし，かぎられた期間に多量に手にはいる資源を集中的に利用する生業システムのもとで成り立っているという点では，両者は共通する。寡種・多量の資源利用のシステムが，この二種類の領域の類型の土台となっているのだ。両者をあわせて東日本型という上位の類型を設定できよう。

泉拓良が分析した京都盆地の領域は，これと対照的な，多種・寡量の資源利用のシステムのもとで成り立っている[24]。ここでは規模の小さい遺跡が，まばらに分布している。これは西日本型の類型とすべきだろう。清水芳裕は，胎土分析の結果にもとづいて，備讃瀬戸の住民の領域が，中国山地の山間部までひろがっていた可能性を指摘している[25]。南野・赤沢らのコラーゲン分析の結果では，広島・寄倉洞穴の住民は，大型魚類あるいは海獣も利用している[17]。これは，清水の推定と矛盾しない。西日本では，ひとつの集団が沿岸と内陸を往復するような領域のあり方も推定できる。ただしいまのところ，この二つが独立した類型になるのかどうか，判断はつかない。

領域の諸類型については，非現地性物資の分析とあわせて，あらためて説明する。

註
1) 藤沼邦彦・小井川和夫・加藤道夫・山田晃弘・茂木好光「宮城県の貝塚」（『東北歴史資料館資料集』25，1989）
2) 「宮城県の貝塚」pp. 130-36
以下，宮城県内の貝塚の名称・時期は，本書の記載によることにする。
3) 林「縄文時代」pp. 96-97（林編『発掘に見る日本歴史』1：69-112，新人物往来社，1986）
なお，後期後葉～晩期中葉までは，里浜・寺下は分離できない。
4) 後期前葉にも，集落が袖窪と台に分かれている可能性がある。
5) Hagett, P., Cliff, A. D., Frey, A., *Locational Analysis in Human Geography.* pp. 436-39, Arnold, 1970.
6) 実際には，沿岸に近づいたムレを適当な入江に追い込んでしとめていたのだろうから，かなり沖合いまで出ていたかもしれない。
7) 『里浜貝塚V』pp. 74-75
8) 行政単位としての宮戸地区の総面積は 7.9 km²。岩礁や小島も含んでおり，島本体の正確な面積はわからない。会田容弘の教示による。
9) 大泰司「シカ」pp. 127-28（加藤晋平・藤本強・小林達雄編『縄文時代の研究』2：122-35，雄山閣出版，1983）
10) 林「亀ケ岡と遠賀川」pp. 106-7（戸沢充則編『岩波講座日本考古学』5：93-124，岩波書店，1985）
11) 林「縄紋時代史」11，p. 96
12) 松原・落合『魚類学』下による。
13) 水野正好「縄文時代集落復元への基礎的操作」（『古代文化』21：47-69，1969），桐原健「八ケ岳の縄文集落—高原の先史時代集落」（『えとのす』8：122-28，1977），長崎元広「中部地方の縄文時代集落」（『考古学研究』93：27-31，1977），宮坂光昭「八ケ岳山麓に見られる集落の移動と領域」（『国分直一博士古稀記念論文集—考古編』117-60，同論文集刊行会，1980）など。
14) 勅使河原彰「縄文時代の社会構成（上）—八ケ岳西南麓の縄文時代中期遺跡群の分析から」（『考古学雑誌』78：1-44，1992）
15) 同上・p. 8
16) 同上・p. 10
17) 林「縄紋時代史」12：103
18) 前出・pp. 19-20，27
19) 同上・pp. 27-28
20) 同上・第6～10図下段
21) 同上・p. 30
22) 林「縄紋時代史」16：94
23) 前出・p. 36
24) 林「縄紋時代史」14：92-94
25) 清水芳裕「縄文時代の集団領域について」（『考古学研究』76：90-102，1973）

書評

樋口隆康 著

三角縁神獣鏡綜鑑

新潮社
B5判　254頁
9,000円　1992年10月刊

　古墳時代研究の中で，三角縁神獣鏡の占める位置の重要さはいうまでもない。三角縁神獣鏡は古墳の副葬品として，とりわけ前半期古墳の副葬鏡としては，その中心的存在である。日本で，古墳時代にかかわる鏡の研究が開始された明治年間に，すでに神獣鏡の重要さは認識されていたが，「□始元年」銘神獣鏡の高橋健自氏による紹介に端を発し，その年代論が開花した。高橋健自氏による群馬県柴崎蟹沢古墳出土鏡と，梅原末治氏の報告による兵庫県森尾古墳出土鏡が，ともに「□始元年」銘をあらわすことと，鏡背文様が同文であることが注目され，梅原末治氏による「正始元年」鏡説がひろく認められることとなる。

　三角縁神獣鏡という呼び名は，さきの高橋健自氏が用いた例が最初らしく，富岡謙蔵，梅原末治，後藤守一氏らが，鏡の製作年代を論ずる中で用いられ，徐徐に学界に定着していったようである。三角縁神獣鏡と古墳時代とを結びつけて論じたのは富岡謙蔵氏であった。三角縁神獣鏡の大きな特徴として同笵鏡がある。昭和初期に梅原末治氏によって同笵鏡が指摘されて以来，「同笵」か「同型」かといった技術論的な考察が加えられることもあったが，三角縁神獣鏡の同笵鏡を用いて，古墳時代の政治・文化についての研究を飛躍的に発展させたのは小林行雄氏である。

　小林行雄氏の三角縁神獣鏡による同笵鏡論を契機として，古墳の発生・展開についての研究が，いろいろな方面からのアプローチによって拡大したが，三角縁神獣鏡そのものについての研究は，さほどの進展をみせなかったといってよい。三角縁神獣鏡が中国製ではないかと考えられながらも，中国本土での出土例が全くないことは，早くから注目されていた。大阪府和泉黄金塚古墳出土の「景初三年」銘鏡は，画文帯神獣鏡の仲間だし，「□始元年」銘鏡も正確に考えれば，いくつもの年号が推定される。三角縁神獣鏡が中国三国時代の魏のものではないかという推定は，島根県神原神社古墳出土の「景初三年」銘三角縁神獣鏡をまたねばならなかった。年代論に加えて，三角縁神獣鏡が中国製か否かの議論も

当然たたかわされていたのである。折しも京都府広峯15号墳から「景初四年」銘三角縁盤龍鏡が発見され学界の議論が再び活潑化した。その論議の中心的課題は，「景初四年」が中国正史上には存在しないことから，その製作地が中国ではなく，日本における製作の可能論を大きく前進させる結果となってきた。鋳鏡技術者・工人の問題をもふくめて，三角縁神獣鏡の研究は，再び原点にもどらざるをえない状況をむかえた。この間，王仲殊氏による中国鏡全体の流れからみた三角縁神獣鏡の位置づけや，東アジア全体の中での日本古墳文化の歴史的位置づけに関する諸指摘などがあって，古墳時代，古墳文化研究全体にかかわる再点検が必要となってきた。

　こうした学界の動きの中で，このたび樋口隆康氏による『三角縁神獣鏡綜鑑』が出版されたのは，古墳時代研究再点検の時期には，まことに時宜をえたものといえよう。樋口隆康氏は昭和54年に『古鏡・古鏡図録』（新潮社 刊）を発表して，中国鏡全体を総括的に捉えられ，あわせて仿製鏡の各鏡式についてもその系譜について論じられている。このたびの大著も，著者が主張されるように「三角縁神獣鏡は神獣鏡の一属種に過ぎないから，神獣鏡全般，ひいては漢・六朝代の中国鏡を十分把握していなければならない」のである。したがって，三角縁神獣鏡研究略史と，研究の現状，諸説を紹介しながら，基本資料としての三角縁神獣鏡を網羅的に紹介することに徹底している。すなわち，三角縁神獣鏡の鏡式について，その構成要素を分解・統合してそれをおこなうという，考古学の基本的作業を経由する。しかし，三角縁神獣鏡それ自体からのみでは，中国製か仿製鏡かの決定的な判断はやはり困難であると説く。銅原料，製作技術，技術者集団，工人集団などの問題とのかかわりで，中国製か仿製鏡かの相違は，自ら判明するものと考えられる。これらのことは「三角縁神獣鏡に関連した諸問題」として総括的に論じられている。中でも，鋳鏡師渡来説を否定した銘文からの解釈や，銘文からみた中国での製作地のいくつかの試論は，今後の研究の指針となる。また，小林行雄氏の同笵鏡配分論に対する反論も，それを政治的な結果よりもむしろ経済的な問題とみて，日本全国各地の地方豪族の抬頭を推定しているのも興味を惹く。

　三角縁神獣鏡に関する諸説について，各々反論することをせずに，あくまでも基本資料としての三角縁神獣鏡を軸としているところに専門的研究者への配慮があり，関連する諸説については，豊富な参考文献によって十分にその補足がなされている。

　なお，付篇として「椿井大塚山出土鏡の化学成分と鉛同位体比」（山崎一雄，室住正也，馬淵久夫氏）に載せられた各種データも，今後の比較資料として大いに活用されうるであろう。　　　　（小林三郎）

書評

鳩山町教育委員会 編
鳩山窯跡群 Ⅰ～Ⅳ

鳩山町教育委員会
Ａ４判　平均450頁
1988年～1992年３月刊

　鳩山窯跡群は，埼玉県比企郡鳩山町に所在する須恵器窯跡群である。この地域は，比企丘陵窯跡群として，埼玉県はもとよりひろく全国にその名前が知られた地域でもある。その一角に位置する鳩山窯跡群についての詳細な発掘調査報告書が刊行された。というよりはすでに４冊の大冊の刊行が完結したというのが正確かも知れない。

　まずはその調査に関係された各位の努力，とりわけその報告に精力を傾注された渡辺一主任調査員をはじめとする方々の労苦をねぎらいたい。ところで大規模調査では，調査指導には著名な先生方の名前が連ねられるのが常であり，この調査でも例外ではなく，関東地域在住の権威の方々がそろっておられるように見受けられる。しかし実際の現地では，大半が主任調査員をはじめとする調査員補助員各位によって調査が進展しており，いわば本報告書もその延長上にあり，その内容の展開についても，その実際に調査に当たった方々の主張が如何に表現されているかが，筆者の最も関心あるところでもあった。その期待は，Ⅰ～Ⅳ冊の報告書の随所にちりばめてある内容から，ほぼ満たされた。従来，あまり大部な報告書については，できるだけ要点のみを斜め読みしようとする癖がついている筆者にとって，久し振りに読み終えて充実感を覚えた報告書であった。

　さて『報告書』の内容構成であるが，Ⅰ・Ⅱが窯跡編，Ⅲ・Ⅳが工人集落編となっている。目次によればⅠは，次の８章から構成されている。調査にいたる経過（１章），遺跡の位置と環境（２章），遺跡の概要（３章），発掘調査の方法と経過（４章），検出した遺構と遺物（５章），自然科学調査（６章），成果と問題点（７章），まとめ（８章）である。内容は主として，小谷Ｂ，小谷Ｃ窯跡，柳原Ａ，柳原Ｂ窯跡を中心に報告が行なわれている。

　Ⅱは窯跡編（２）とされ，遺跡の概要（１章），検出した遺構と遺物（２章），各説（３章），成果と問題点（４章），まとめ（５章）の５章から構成されている。内容は主として，広町Ｂ窯跡，広町Ａ窯跡，柳原Ａ窯跡，上鳴井窯跡を中心に報告が行なわれている。さらに窯跡をめぐる問題点について，各説の部分で触れておられる。例えば窯詰の問題については，各生産場所で異なる可能性もあり，そこでの生産の特長を把握する重要な部分でもある。広町Ｂ４号窯跡の復元例が示されているが，この配置はかつて筆者が関係した和泉陶邑窯跡群 TK 321 号窯跡例と比較するとやや異なっており，興味深い。すなわち陶邑例では大きな甕を左右対称に奥まで６～８個配置し，さらにその間隙部分に小型製品を配置するものであった。

　窯体そのものについての比較検討についてはこれのみで，ほかには遺物の考察が大半を占めている点，筆者にとってはややもの足りない印象を受けたが，時間的な制約の中での作業でもあり，やや酷かもしれないが，今後に期待する。

　Ⅲは工人集落編（１）で，集落，住居跡などが中心に記述されている。目次は，遺跡の概要（１章），検出した遺構と遺物（２章），成果と問題点（３章）の３章から構成されている。生産活動が行なわれていれば，当然その作業に従事した人々の生活があり，その住居が存在した。しかし，かつて調査した陶邑では，その範囲の広大さのため，全容を解明することは出来なかった。これに対して当該遺跡では，その解明が十分なされ，かつ分析も行なわれている。とりわけ，集落の移動と窯跡の関連まで把握され，近年ようやくとり上げられるようになったロクロピットについても積極的に評価を行ない，工房の検出および確認にまで及んでいる。

　Ⅳは，工人集落編（２）とし，目次は第１部，検出した遺構と遺物（１章），第２部，その他の時代，縄文時代の検出遺構・遺物（１章），古墳時代，中世～近代の検出遺構と遺物（２章），第３部，自然科学調査，鳩山窯跡群焼土遺構等の考古磁気年代（１章），鳩山窯跡群出土鉄滓の分析結果について（２章），鳩山窯跡群出土須恵器および粘土の蛍光Ｘ線分析（３章），第４部，成果と問題点―縄文時代（１章），奈良・平安時代（２章）である。ここでは粘土採掘坑などと窯跡関連以外の遺跡遺物について触れられている。筆者は，近年遺跡そのものの総合的な把握が不可欠であることを改めて痛感している。ともすれば窯跡が，古墳のみが単独で存在し，かつ存在するかのように考えがちである。考古学が「人間の生活痕跡」を扱う学問である以上，その総合的な理解の態度は失ってはならない。その重要な一例を示してくれたのが，この調査報告書である。まだお読みでない方には是非一読を勧めるものである。

（中村　浩）

＊同書の問い合せは埼玉県 比企郡 鳩山町 大豆戸184 鳩山町教育委員会社会教育課へ。頒価Ⅱ・Ⅳ 4,000円，Ⅲ 4,500円。Ⅰは品切。

書評

桜井清彦先生古稀記念会 編
二十一世紀への考古学

雄山閣出版
B5判 490頁
18,000円 1993年2月刊

　本書は，桜井清彦教授の古稀を記念して献呈された論文集である。とはいえ，この本の執筆は38名の若手研究者に限られている。桜井教授が，母校早稲田大学の教壇で考古学を講じられた三十余年の間に学恩をうけた卒業生を網羅すれば，希望者がどれほどになるか，見当もつかなかったためという。確かな見識をもち，温厚かつ誠実な桜井教授ならではの悩みであろう。それとともに，この論集を一見して気づくのは，桜井教授さながら，その領域が多岐にわたっている点である。そして編者は，これらをⅠ．日本をめぐる考古学，Ⅱ．北の文化を追って，Ⅲ．砂漠とオアシスの文明，という3部に整理している。この3本の柱が，教授が研究・教育にとくに意を尽くされた領域と一致することはいうまでもない。

　このへんの理解をかねて，桜井先生の御研究の足どりを，私なりに垣間見ておきたい。

　不勉強な私が，最初に印象づけられた桜井先生のお仕事は，東北地方の，そして長野県平出遺跡の土師器論であった。前者は，その後「桜井第一型式・第二型式」の名のもとに，東北日本の考古学研究を志す人たちに浸透した。私事ではあるが，後者によって，私の土師器研究への関心が強く刺激されたことを思い出す。当時の桜井先生は，東北日本の，それも文献に接点が求められる，比較的新しい時代という，手薄な領域に興味を抱いておられたように思う。

　1960年代に入ると，出羽三山のミイラ調査を皮切りに，先生の学問的関心は堰を切ったように，地球の八方に向けられることになる。そして中国・中南米・西アジア・アフリカ・アリューシアン等々，先生の足跡は世界各地に及ぶようになる。これらの体験が，エジプト調査の基礎を固め，ミイラ学術研究への道を開き，北への，いや北からの視点を提示されるなど，先生の多岐にわたる先導者としての役割をもたらしたのであろう。

　1992年から，昭和女子大学に転出された桜井先生は，生活文化という身近な問題から，文化・文化財の意味を考える場を設けようと，意欲を燃やしておられる。ちなみに，常に新しい道を求め，後進がそれを通りやすいようにアレンジされる先生の姿勢は，決して大学内に限って示されたものではない。先生が2度にわたり日本考古学協会委員長をつとめ，将来への展望をひらこうと考古学研究体制の充実に尽力されたことを想起するだけで自明である。このような先生への献呈論文集の題名が「二十一世紀への考古学」であることに，うってつけとの思いを抱く人は多いにちがいない。

　さて，本書の第Ⅰ部には，16篇の論考が収録されている。ここで目につくのは，方法論上の問題ないしは，新しいジャンルへの深い切り込みを意図したものが多い点である。これには石器時代あるいはその中の石器や土器にかかわるものがある。弥生時代以降を扱った論文には，手堅い実証的研究や，資料集成などが目立ち，傾向を異にしている。加えて，文献を併用しての古代・中世から現代に至る論考も収められている。韓国考古学にかかわる2論文がここに収められている点は，誤解を招く恐れなしとしないが，共に倭人の世界に接する朝鮮半島南端部の研究であることを思えば，異議を唱える必要もあるまい。

　第Ⅱ部は，10篇の論文で構成されている。とくにこの部門では，その半数近くが精緻な型式学を駆使しての土器論である点が注目される。オーソドックスな考古学的方法による基礎研究もまた重視されている点に，早稲田大学考古学の伝統の重みが感じ取られる。さきの新しい方法への試みにしても，このような考古学研究の基本が地についていればこそ，との思いを強くさせられる。この土器論と，続縄文期を考察した2論文を除く何篇かは人類学あるいは歴史学的アプローチを示す論考ということになる。石器時代研究とは別の意味において，重要な方法である。これまた桜井考古学の一側面の反映と考えたい。

　第Ⅲ部は，西アジアならびにアフリカ考古学に関する11篇の論文からなっている。うち7篇が古代からイスラーム期に至る，エジプト史研究の論考である。いまや早大考古学の看板の一つとしての位置を固めた，この分野の研究者の層の厚さと，関心の多様さにおどろかされる。西アジア考古学の論文は4篇と多くはないが，これまたメソポタミア・レバント・アナトリアという広域の，しかも新石器時代から鉄器時代に至る，いろいろな問題をとらえており，今後が楽しめる，との思いを抱いた。

　桜井考古学がそうであるように，早大におけるこれらの多領域の研究が，人類史という視点で一体化し，21世紀に向けて大きく踏み出されることを期待した次第である。大方の御一読をおすすめしたい。

（岩崎卓也）

論文展望

選定委員（五十音順・敬称略）
石野博信
岩崎卓也
坂詰秀一
永峯光一

安斎正人

アルケーの学
―考古学の源流―

古代文化　44巻8号
p. 1〜p. 18

　現代の考古学を一義的に定義することは難しい。考古学者の認識と考古学の性格をめぐって、欧米ではプロセス考古学とポスト・プロセス考古学間で、あるいは同じ学派内で激しい論争が繰り返されている。そこで考古学のヴィジョンを正しく理解する前提作業のひとつとして、考古学の歴史的研究が重要になってきている。

　新しい考古資料の発見や、人文・社会・自然科学の他の領域で確立された理論の外挿によってのみ、考古学の理論的発展が漸進してきたわけではない。それだけではなくて、人間観あるいは社会観の変化が考古学における解釈法を根本的に変え、それまでほとんど顧みられることのなかった知識や情報を浮上させるのである。それゆえ考古学の歴史的研究は、過去の時代・社会・人間の間の関係を繰り返し記述し直すことで、考古学を幾重にも重層化していく一種の「解釈装置」となる。現在規定を受けているそのことの中に足場を設ける形で、考古学史の側も、何度も何度も出発し直さねばならない。

　科学の歴史を単なる累積的な過程ではなく、パラダイムが他のパラダイムに急激に取って代わられる革命的、非連続的な局面をもつという科学革命説を唱えたトーマス・クーンの科学史の方法に触発されて、現在筆者が構想する四部作（「アルケーの学―考古学の源流―」「進歩と進化―考古学の黎明―」「文化史の復元―考古学の伝統―」「過去と現代―考古学の変革―」）中、本稿では第一部を扱っている。

　古代オリエント文明を遡る「神話的思考」の時代（無文字期・有文字期）、ソクラテス以前のギリシャの哲学者たちの「アルケー」の時代、キリスト教の成立に伴って始まった「創世記」の時代、それぞれの時代や社会の過去への関心のあり方を源流として、考古学的思想の豊かな土壌が形成されていく。

（安斎正人）

本橋恵美子

「埋甕」にみる動態について
-縄文時代中期後半の遺跡の検討から-

古代　94
p. 85〜p. 126

　関東地方において縄文時代中期後半の住居形態は末葉には、柄鏡形を呈する点と規模などの点からかなり斉一性が高くなってくる。遺跡を住居内埋甕に着目してみると、多摩丘陵・相模野台地・武蔵野台地では加曽利E2・加曽利E3期を通じ住居内埋甕はやや増加傾向にあるが、埋甕をもたない住居址も半数近く存在する。大宮台地周辺や中部地方においてもこの傾向は認められる。これが、加曽利E4期には多摩丘陵を除く地域には埋甕をともなう柄鏡形住居が大半を占める。利根川上流域については複雑で、柄鏡形敷石住居や環状小礫配石の柄鏡形住居や柄鏡形でない竪穴住居で集落を構成するもの　など遺跡の個性が顕著にみられるが、埋甕をともなう住居が目立つようである。

　加曽利E4期を通じて柄鏡形住居の埋甕は、どの土器を住居空間のどこの位置に埋設するか規定されていたかのような現象が看取される。とくに、埋甕を介して武蔵野台地内では遺跡間に共通項が多く引き出せる。たとえば、鋸歯状モチーフをもつ土器は連結部に多く、次いで柄部先端に埋設されるとか、縄文地の下膨れの土器は柄部先端に埋設される事例が目立ち、両耳壺は柄部先端、微隆起文の付される土器は柄部先端に多いなど。武蔵野台地と東京湾に沿って、また利根川伝いに上流地域あるいは下流域に情報の伝播が読みとれる。この伝播と広がりは常に加曽利E4式土器の分布と柄鏡形住居の分布が重なる範囲にあり、たとえば、唐草文系土器や曽利式土器の分布している中部高地西側では、恐らく地形的な要因で加曽利E4式土器とともに柄鏡形住居も浸透しづらかったようである。この情報伝播の背景には、竪穴住居構成員である集団の移動の契機として、食料資源の確保、住居環境の確保、道具の原材料の確保が考えられ、そして埋甕の性格から婚姻による現われととることもできよう。

（本橋恵美子）

福永伸哉

三角縁神獣鏡製作技法の検討
―鈕孔方向の分析を中心として―

考古学雑誌　78巻1号
p. 45〜p. 60

　銅鏡の鈕には紐を通すための孔が設けられており、鈕孔という名で呼ばれている。本稿ではこの鈕孔の開口方向という視点から三角縁神獣鏡の製作技法について検討し、この種の鏡が製作技法の異なる二者に分けられることを示した。さらに、二者の区別がこれまでいわゆる舶載鏡、仿製鏡として識別されてきたものとほぼ重なる点を重視し、三角縁神獣鏡のすべ

てを国産とする近年の有力な所論になお疑問の余地があることを指摘した。

三角縁神獣鏡の中にいわゆる同笵鏡と呼ばれる同じ図像文様を持つ鏡があることはよく知られている。現時点で確認しうる同笵鏡のすべてについて鈕孔方向の異同を観察した結果，舶載鏡においては図像文様が同一でも鈕孔方向の異なる事例が多数認められるのに対して，仿製鏡ではこうした現象が原則として認められないことが判明した。

鏡の鈕孔を造り出すためには，鋳型のこの部分に土製の中子を設置して溶銅の回らない空間を確保する必要がある。他の鏡鋳型の構造から類推すると，中子の設置方向は一つの鋳型について一方向に限定されていたと考えられる。したがって，図像文様が同一でも鈕孔方向の異なる舶載三角縁神獣鏡は，それぞれが同じ図像文様を持つ別個の鋳型から鋳造された同型鏡である可能性が高い。いっぽう図像文様の同じ鏡の鈕孔方向がすべて一致する仿製三角縁神獣鏡の場合は，同じ鋳型を繰り返し使用して得られた厳密な意味での同笵鏡と認められる。このように両者の間には製作技法の本質的な差異が存在しているのであり，三角縁神獣鏡のすべてを国産とする場合にはこうした技法差が国内で生じた原因を説明する必要があろう。ちなみに，筆者は別稿「三角縁神獣鏡の系譜と性格」でも指摘したように三角縁神獣鏡に舶載鏡と仿製鏡を認め，前者を朝鮮半島北部で製作された可能性も含む中国北方系の鏡とみる立場に立つ。

（福永伸哉）

岸 本 雅 敏
律令制下の塩生産

考古学研究　39巻2号
p. 65～p. 92

律令国家は生産物としての塩を，さらにそれを作り出す技術と集団をどのようにとらえていたのかという問いのもとに，文献資料をも駆使しながらこの課題に論及した。

税制に組みいれられた調庸塩の貢納国は若狭・参河以西の西日本に偏在する。都城出土の塩木簡の分析からその貢納実態をみると若狭が卓越しており，時期も最古で長期に及ぶ。これに周防・備前・讃岐・紀伊・尾張・参河を加えたのが調庸塩主要七ヵ国である。若狭では船岡式の時期に約8割の遺跡が操業しており，調塩の生産に対応している。瀬戸内では土器製塩は衰退しているが，一部で煎熬土器と焼塩土器とが分化した。西日本では，調庸塩の生産，有力大寺の塩生産，地方豪族による塩生産，これらが重層的に展開した。

一方，東日本の佐渡と越後の塩は軍事物資として東北の城柵へ送られた。同じ北陸でも西端の若狭は都城へ，東端の佐渡は東北の城柵へ塩を納めた。中央の国家財政を支える調庸塩は若狭・参河以西の西日本から徴収し，佐渡・越後の塩は東北侵略という国家的課題を推進する財政的基盤として東北に送る，律令国家がこの使い分けをしている点こそ重要である。

最後に「国家による塩の集中―財源としての塩の確保」にふれる。律令国家は塩の生産と流通を掌握しただけでなく，その掌中に塩を集中・確保し，さらに目的に応じてそれを再配分している。日本の古代社会において塩は，一般的等価物にまで昇華しきっていなかったけれども，単なる消費物資ではなく，交換過程や再配分の過程では労働財源として機能していた。これは塩のもつ使用価値の高さとそこから生じる交換価値の高さに起因する。古墳時代においても，耕地の開発とそれにともなう灌漑，古墳の築造その他の大規模な土木工事に際して中央政権や地域首長は反対給付物として塩を支給し，それによって労働力の編成をなしえたであろう。（岸本雅敏）

塚 田 良 道
「鷹匠」と「馬飼」

同志社大学考古学シリーズⅤ
考古学と生活文化
p. 301～p. 312

人物埴輪の研究は，古墳時代の服飾や祭祀を考える上で不可欠であり，その研究の眼目は「配列された埴輪が何を意味しているのか」を追求することにある。現状では埴輪祭祀をめぐる解釈論が研究の主流となっているけれども，解釈論の基礎となる人物埴輪個々の性格づけは，主観的な認識によっており，これまでその姿の特徴的な一面にもとづいて行なわれてきた。そこで小論では，体系的な形式分類をもたない人物埴輪研究の方法論的問題点を，「鷹匠」とよばれる埴輪と「馬飼」とよばれる埴輪を検討材料にして指摘した。

「鷹匠」「馬飼」ともに動物にかかわる点から，いずれもこれまで「職業的集団」として理解されてきた。しかし，これらの埴輪の型式学的形式分類を行なうとすれば，全く別のグループになる。その第一の要素は，「鷹匠」に足が表現されているのに対し，「馬飼」には足の表現が欠けていることである。これを基本に，それぞれ被りもの・頭髪・帯などの要素について検討を行なったところ，「鷹匠」と同じ装備をもつ人物埴輪は足のある盛装男子に求められるのに対し，「馬飼」と同じ装備をもつ人物埴輪は，足の表現を欠くものに求められる。つまり鷹の部分の欠けた「鷹匠」は豪族層とみられる盛装男子となるのに対し，馬を伴わない「馬飼」はいわゆる「踊る埴輪」となってしまい，両者の基本的な造形要素は全く異なっている。したがって，文献的・型式学的根拠の無い「職業的集団」という性格づけには再検討の必要があり，「鷹匠」は鷹を腕にのせる支配者階級の人物と理解するのが妥当と考える。今後は①形式分類②型式編年③図化方法の模索が基礎的な課題になろう。（塚田良道）

●報告書・会誌新刊一覧●

編集部編

◆湘南藤沢キャンパス内遺跡 第2巻・第3巻 慶應義塾藤沢校地埋蔵文化財調査室刊 1992年8月 B4判 312頁（第2巻） 1992年3月 B4判 1178頁（第3巻）

神奈川県中央部の相模川東岸の小出川流域に位置する旧石器時代から近現代にかけての複合遺跡である。旧石器時代では6期の文化層が確認され，ナイフ，ブレイド，スクレイパーなど約5,000点の遺物が出土している。縄文時代では中期の火災住居2軒を含む住居4軒，土器埋設遺構などが検出され，草創期〜後期の土器片約2,700点，石器475点が出土している。

◆森将軍塚古墳 更埴市教育委員会刊 1992年3月 A4判 694頁

長野県更埴市に所在する全長約100mの4世紀後半の前方後円墳である。後円部頂の竪穴式石室2基を中心に組合式箱形石棺64基，埴輪棺12基，土壙2基などの小型埋葬施設群や小古墳14基が検出され，出土遺物には三角縁神獣鏡をはじめとし青銅製鈴を含む馬具類や埴輪，鉄鏃などがある。考察では「墳丘論」「埋葬施設論」「周辺埋葬施設論」「祭祀論」「埴輪論」「遺物論」などがまとめられている。

◆紀伊大谷古墳 和歌山市立博物館編（和歌山市湊本町3−2）和歌山市教育委員会刊 1992年10月 B5判 38頁 800円 〒240円

博物館で展示している重要文化財の大谷古墳出土遺物（馬冑など）を中心にカラー写真55点を掲載した図録。解説付

◆山陰地方における弥生墳丘墓の研究 島根大学考古学研究室刊 1992年9月 B5判 244頁

田中義昭を研究代表者とする文部省科学研究費補助金「山陰・山陽地方における弥生時代墳丘墓の比較研究」の報告。第Ⅰ部「山陰地方における弥生墳丘墓の研究」を田中義昭が，第Ⅱ部「西谷墳墓群の調査（1）」を渡辺貞幸が執筆している。とくに山陰地方・中国山間地域に特徴的な分布を示す四隅突出型の墳墓，備中地域を中心に特異な広がりをみせる特殊壺形・器台形土器の問題から弥生時代〜古墳時代への転換，移行のありかたを考察することにより，山陰地方における弥生墳墓の現状が総括されている。

◆香春岳 香春町教育委員会刊 1992年3月 B5判 329頁

本書は福岡県の豊前地域に位置する標高468mの香春岳の総合調査報告書である。頂部の発掘調査により中世山城が確認され，石塁，土塁，石垣，掘立柱建物跡，小鍛冶跡などが調査された。出土遺物は16世紀代を中心とする陶磁器が認められた。この山城については天正14年豊臣秀吉の九州征伐先遣隊黒田孝高の築城と伝えられていたが，調査結果からはこの裏付けは取れなかった。

◆鷹島海底遺跡 鷹島町教育委員会刊 1992年3月 B5判 118頁

長崎県北西部，伊万里湾口にある鷹島の南岸に位置する鷹島海底遺跡の全域150万km²内，640m²，水深10〜27mに及ぶ範囲の発掘調査報告書。当該地域は，1281年の「弘安の役」の際の暴風雨によって，元軍の軍船多数が沈没した場所であるとの通説が存在したが，今回の調査でその史実の一端を裏付ける結果が得られた。元寇関係の遺物は青磁，白磁，金属製杯，石弾，碇石など285点，他に縄文土器，弥生土器，須恵器，近世陶磁器なども出土している。

◆古代探叢Ⅲ 早稲田大学出版部刊 1992年5月 B5判 672頁
古文様帯論……………………鈴木正博
縄文時代前期後半の文化動向
　　……………………………今橋浩一
加曾利E3−4（中間）式考察
　　……………………………柳沢清一
環状集落址と墓域………………山本暉久
東北地方における骨角器文化の様相と展開……………………忍沢成視
伊都国の土器，奴国の土器
　　……………………………常松幹雄
相模後期弥生社会の研究
　　……………………………西川修一
住居形態の変遷とその画期
　　……………………………比田井克仁
東国における古墳出現の一様相
　　……………………………森　達也
石製立花と石枕の出現
　　……………………………白井久美子
石枕・立花と死者の送り
　　……………………………杉山晋作
古墳時代の北武蔵における有力首長層の動態…………杉崎茂樹
中原高句麗碑と辛亥銘鉄剣
　　……………………………吉川国男
金銀装の鑣……………………大久保奈奈
人物埴輪における姿態別服飾について……………………市毛　勲
東国における「律令的土器様式」の成立と展開について
　　……………………………長谷川厚
遠江・駿河における歴史時代土器の成立と展開…………平野吾郎
高句麗瓦神塚型火焔状起翹紋の変遷……………………馬目順一
東アジアにおける古墳の変遷
　　……………………………岡内三真

◆長岡京古文化論叢Ⅱ 1992年7月 B5判 769頁
渤海遺跡探訪……………井上秀雄
人面土器製作技術の検討
　　……………………………上村和直
太政官厨家跡と地子の荷札
　　……………………………鬼頭清明
長岡京の鋳具……………木村泰彦
基礎構造からみた古代都城の礎石建物……………………國下多美樹
恭仁宮の造営について…久保哲正
飛雲文系軒瓦について…佐藤　隆
第3次山城国府跡に関する新提言
　　……………………………中川和哉
軒瓦にみる7世紀の乙訓の一側面
　　……………………………藤田さかえ
長岡京出土の特殊建物遺構に関する2・3の覚え書き…堀内明博

乙訓地域出土の皇朝銭…松崎俊郎
長岡京出土の荒炭木簡…八木 充
京都府の弥生集落遺跡概観
………………………岩崎 誠
河内地方弥生時代中期土器の検討…國分政子
二重口縁装飾壺について
………………………千喜良淳
手焙形土器について……中島皆夫
台状墓の階層とその展開
………………………岩松 保
蓬莱山への憧憬………岡本健一
椿井大塚山古墳の設計図
………………………奥村清一郎
須恵器・環状突起帯付蓋について
………………………小池 寛
竈形土製品について……近澤豊明
山城における古墳出土の石製祭器
………………………中井正幸
摂津有馬郡における後期古墳の展
開………………………西岡巧次
須恵器地方色の発現過程
………………………菱田哲郎
仿製三角縁神獣鏡分類の視点
………………………福永伸哉
福西古墳群と大枝山古墳群
………………………丸山義広
光明寺と法然の石棺……山本輝雄
石見型盾形埴輪について
………………………吉田野々
斎宮への道………竹内英昭
滋賀県妙楽寺遺跡の終焉について
………………………坂田孝彦
今里における中世村落の変遷
………………………原 秀樹
漆濾しの布と紙………渡辺 誠
◆究班 埋蔵文化財研究会刊
1992年9月 B5判 400頁
稲作の始まるとき………藤田憲司
管玉に関する覚書………甲元眞之
弥生勾玉の分布とその変遷
………………………小山雅人
日韓の出土五銖銭・第2報
………………………小田富士雄
墳墓からみた集団………妹尾周三
弥生集落の動態………丸山 潔
溝内埋葬と方形周溝墓…岩松 保
いわゆる近江型甕についての素描
………………………古川 登
銅剣形石剣I式の成立とその意義
………………………種定淳介

弥生時代の鉄器と地域性の問題
………………………村上恭通
袋状鉄斧の断面形態の検討とその
意義………………………千種 浩
大阪府の弥生時代後期の石器
………………………禰宜田佳男
副葬遺物はどのように評価され
てきたか………常松幹雄
南九州での掘立柱建物出現の意味
するもの………池畑耕一
庄内式期のもう一つの叩き目
………………………置田雅昭
卑弥呼と台与の狭間……森岡秀人
大津市壺笠山古墳の特殊器台型埴
輪について………丸山竜平
木棺墓における土器の出土例
………………………石井清司
筑紫平野北部の古墳出現期の一様
相………………………宮田浩之
中出勝負峠第8号古墳について
………………………桑原隆博
寿陵考………………吉留秀敏
京都府南山城の前期古墳と集落
………………………小池 寛
塩釜式土器の変遷とその位置づけ
………………………次山 淳
規矩鏡における特異な一群
………………………福永伸哉
鍬形石の型式学的研究における現
状………………………北條芳隆
蓋形埴輪の型式と範型…松木武彦
古市古墳群における埴輪群の変遷
………………………一瀬和夫
紀伊出土の埴輪祭祀覚書
………………………河内一浩
動物埴輪のスカシ孔……森田克行
陶質土器の受容に関する基礎的検
討………………………泉 武
須恵器にみる三国時代陶質土器の
影響………………………近藤 広
氏族伝承と古墳の物語…柳本照男
灰を納めた土壙………小林義孝
寧波市現存の太宰府博多津宋人刻
石について………高倉洋彰
豊中穂積遺跡における中・近世土
器………………………北條ゆうこ
郷土史・地方史・地域史と考古学
………………………武末純一
◆考古学と生活文化 同志社大学
考古学シリーズ刊行会刊 1992年
4月 A5判 690頁

生活環境と復原………森 浩一
民と王の狩猟儀礼………石野博信
南九州における始良Tn火山灰降
灰直後の石器群の評価をめぐって
………………………松藤和人
敷石住居跡に関する二,三の問題
………………………仲田茂司
竪穴住居の屋根葺代について
………………………深澤敦仁
竪穴住居の火処と生活空間
………………………石川直章
夏の家と冬の家………麻柄一志
海部と米生産………高橋真希
備讃瀬戸のマダコ壺……大山真充
南山城の古代屋瓦に関する一考察
………………………竹原伸仁
恭仁宮以後の土地利用について
………………………久保哲正
北陸における中世後期の生活と行
火………………………三浦純夫
描かれた船………北野俊明
いわゆる遊牧騎馬民族における土
器………………………志賀和子
近畿地方の掻器についての覚書
………………………中川和哉
九州の鉄状耳飾……水ノ江和同
箆削文を有する土器についての一
考察………………………川崎 保
縄文時代後期の壺形土器
………………………穂積裕昌
ガラス小玉鋳型についての一考察
………………………清水眞一
足玉考………………玉城一枝
胡籙の系譜………坂 靖
馬具にみる龍文透彫品…千賀 久
埴輪馬の馬具………比佐陽一郎
人物埴輪研究の一試考…藤川智之
「鷹匠」と「馬飼」………塚田良道
文様からみた初期須恵器工人の一
原郷………………………門田誠一
須恵器特殊扁壺に関する覚書
………………………山田邦和
平城京跡から出土した「はかりの
おもり」をめぐって…中井 公
最古の木製下駄………瀬川芳則
土器碗と木器椀………鋤柄俊夫
花かたにやくなら火鉢・考
………………………今尾文昭
出土陶磁器にみる修復技法
………………………鈴木重治
巫の鏡………………寺沢 薫

鏡作り工人の文字認識の一断面
　………………………中村潤子
カマドへの祭祀的行為とカマド神
　の成立…………………寺沢知子
カマドをめぐる祭祀…久松哉須子
六文銭……………………楠元哲夫
近世墓とその副葬品……木村有作
「人物の窟」壁画にみる古代精神
　………………………辰巳和弘
加賀地方における弥生後期社会の
　一様相…………………小嶋芳孝
阿波弥生時代終末期社会の特質
　………………………菅原康夫
弥生時代の石器生産と流通
　………………………菅栄太郎
弥生土器地域色に関する一考察
　………………………若林邦彦
山陽道における古代国家成立期の
　古墳文化………………脇坂光彦
京都平野における複室墳の分布と
　展開……………………緒方　泉
畿内およびその周辺の横穴式石室
　雑考……………………森下浩行
木棺直葬系の小古墳群にみる造墓
　活動の変容と画期について
　………………………高野陽子
国宝額田寺伽藍并条里図にみえる
　墓について……………服部伊久男
生馬山竹林寺と行基の墓
　………………………前園実知雄
◆埼玉県立歴史資料館研究紀要
第14号　埼玉県立歴史資料館
1992年4月　Ｂ5判　107頁
富士見市鶴瀬出土の勝坂式系土器
　について………………谷井　彪
埼玉県における古代瓦の諸問題
　………………………宮　昌之
城館跡等にみられる土塁の覚書
　………………………小野義信
◆古代　第94号　早稲田大学考古
学会　1992年9月　Ａ5判　260頁
「武者ヶ谷式土器」の意義
　………………………鈴木正博
加曽利Ｅ（新）式土器編年研究の
　現在……………………柳澤清一
加曽利Ｅ3―4式と曽利Ⅴ式につい
　て………………………山本孝司
「埋甕」にみる動態について
　………………………本橋恵美子
「凸多面体磨き石」について
　………………………市毛美津子

安行式文化の終焉……鈴木加津子
特殊壺になれなかった壺
　………………………西川修一
群馬県の古墳文化初頭期の検討
　………………………友廣哲也
◆研究論集ⅩⅠ　東京都埋蔵文化
財センター　1992年3月　Ｂ5判
180頁
中国東北地方の新石器時代の土器
　………………………千葉基次
諸磯ｂ式土器の展開とその様相
　……岩橋陽一・江里口省三
　可児通宏・小坂井孝修
　中西　充
青白磁梅瓶小考…………内野　正
◆考古学雑誌　第78巻第1号　日
本考古学会　1992年9月　Ｂ5判
144頁
縄文時代の社会構成…勅使河原彰
三角縁神獣鏡製作技法の検討
　………………………福永伸哉
縄文時代骨製刺突具の製作方法
　………………………山川史子
◆福井考古学会会誌　第10号　福
井考古学会　1992年8月　Ｂ5判
68頁
二本松山古墳の年代について
　………………………白崎昭一郎
近世後期南加賀における赤瓦の生
　産………………………久保智康
◆紀要　第5号　滋賀県文化財保
護協会　1992年3月　Ｂ5判　90頁
粟津湖底遺跡の地形環境
　………………………伊庭　功
中世墓地にみる集団構造
　………………………瀬口眞司
滋賀県内出土漆製品集成
　………………………中川正人
草津市中畑遺跡出土の平安時代犂
　について………………平井美典
◆古代文化　第44巻第7号　古代
学協会　1992年7月　Ｂ5判　56
頁
考古資料からみた隼人の宗教観
　………………………池畑耕一
古墳分布域外の漁撈具…下山　覚
◆古代文化　第44巻第8号　1992
年8月　Ｂ5判　58頁
アルケーの学………・安斎正人
◆古代文化　第44巻第9号　1992
年9月　Ｂ5判　64頁

河内平野とその周辺の埴輪編年概
　観………………………一瀬和夫
古市古墳群出土円筒埴輪の様相
　………………………上田　睦
古市古墳群の埴輪の規格性
　………………笠井敏光・吉田珠己
百舌鳥古墳群の円筒埴輪
　………………白神典之・十河良和
長原古墳群と難波地域の円筒埴輪
　………………………積山　洋
玉手山古墳群とその周辺
　………………………安村俊史
大竹古墳群とその周辺…米田敏幸
埴輪胎土に見られる砂礫種
　………………………奥田　尚
◆考古学研究　第39巻第2号
1992年9月　Ａ5判　144頁
銅鐸の製作工人…………春成秀爾
前方後円墳築造規格の系列
　………………………岸本直文
律令制下の塩生産………岸本雅敏
中米ホンジュラスにおける考古学
　調査……………中村誠一・青山和夫
出雲地方玉髄・メノウ製石器研究
　の動向…………………稲田孝司
井戸から出土する牛馬遺存体につ
　いて……………………桜井秀雄
◆島根考古学会誌　第9集　島根
考古学会　1992年3月　Ｂ5判
60頁
水田ノ上遺跡採集の縄紋土器
　………………………中村友博
攻玉技術の革新と出雲玉つくり
　………………………河村好正
順庵原一号墳について…吉川　正
出雲の古代寺院…………林　健亮
伯耆・因幡の古代寺院…真田廣幸
◆法哈囃　第1号　博多遺跡研究
会（大野城市南ヶ丘1丁目19-18
大庭康時気付）1992年7月　Ｂ5
判　97頁
律令期の博多遺跡群……佐藤一郎
博多出土古瓦に関する一考察
　………………………常松幹雄
中世葬制の一例…………大庭康時
鎮西探題館の位置と構造
　………………………佐伯弘次
博多出土のタイ陶磁について
　………………………森本朝子
博多遺跡群の埋葬遺構について
　………………………大庭康時

■考古学界ニュース■

編集部編

─────九州地方

別府城跡から土塁 加世田市教育委員会が発掘調査を行なっている加世田市麓の別府城跡で14世紀から15世紀にかけて築かれたとみられる土塁や陶磁器が発見された。別府城は平安時代末期に別府五郎が築城したもので，福寿城，中之城，尼ヶ城の三つの郭から成っていた。今回調査されたのは別府城の本丸だった福寿城一帯。土塁は佐岐比佐神社がある近くで，内側には高さ約30cm，長さ約10mにわたって大・中・小の石で3段にした石組が認められたが，これは土留めとみられる。また城の下方からは空堀もみつかり，深さは3.5mぐらいあったと推定されている。出土品としては炭化米や中国南部で作られた青磁・白磁片20点，土師質皿50点，フイゴの羽口，鉄滓，石臼などがあった。

袖石を持たない石室構造 多久市教育委員会が調査を進めている市内北多久町の相ノ浦古墳群で玄室の袖石と羨道の側壁を1個の巨石で作った珍しい石室構造の古墳8基が発見された。同古墳群ではこれまでに13基の古墳が発見されうち2基は袖石を置く構造，3基は不明で，残りの8基は独立した袖石を置かずに玄室と羨道との境を1個の巨石を使って作られていた。最大の古墳は玄室幅約1.8m，奥行約2m，羨道の長さ約1.8mで，墳丘の大きさは直径15mと推定される。副葬品としては銅地金張り・銅地銀張りの耳飾りやガラス小玉がみつかった。同古墳群は7世紀初めのものとみられ，新たな構造の古墳は注目される。

縄文中期の集石炉 佐賀県・鳥栖市・基山町の各教育委員会が合同で発掘調査を行なった鳥栖市の平原遺跡で縄文時代中期の集石炉約40基が発見された。炉跡のみで住居跡がない遺構の状況や，段丘崖下で河川を臨む扇状地という立地，石器組成の特徴などから，定住の場所ではなく繰り返し利用されたキャンプ地とみられている。土器は並木式と南九州の春日式系かと思われるものとが出土しており，並木式の全形を復元できる資料もある。同じ調査区からは5世紀前半の祭祀遺構も見つかり，数百個体の土師器をはじめ仿製内行花文鏡片や滑石製模造品（剣形品・有孔円板・勾玉・管玉・臼玉）など多数の祭具が出土した。また段丘上の別地点では弥生時代の集落から石製剣把頭飾や細形銅戈の鋳型が出土した。

弥生中〜後期の二重環濠集落 久留米市教育委員会が発掘調査を進めている同市大善寺町中津の大善寺北部遺跡群・道蔵遺跡から弥生時代中〜後期の二重環濠集落がみつかった。吉野ケ里遺跡と最近発見された甘木市の平塚川添遺跡の中間に位置する。内側の環濠内の広さは東西約160m，南北は推定約180mで，2本の環濠は幅1〜3m，深さ約1m。二重環濠の外から3棟の掘立柱式倉庫跡，内から3棟の竪穴住居跡がみつかっているが，環濠内側の調査は住宅があるため未調査となっている。これまで器台を含む弥生土器多数や青銅製の鉇1点，銅鏃2点，鉄製の鋤先3点，鎌1点などが出土している。

8世紀初頭の鬼瓦 福岡県遠賀郡岡垣町教育委員会が調査を行なった同町糠塚の墓ノ尾遺跡群からわが国でも最古に属する8世紀初頭の鬼面文鬼瓦が発見された。鬼瓦は同遺跡群の土壙から軒平瓦，軒丸瓦とともに約30個の破片でみつかったもので，復元長41.3cm，幅30〜33cm，厚さ7.5cm。丸く飛び出した目，耳まで裂けた口と牙，顔全体が描かれているなど，新羅の鬼瓦の特徴をよく残している一方，角がない，下顎部分が欠けている，額の一部の文様がないなど大宰府の鬼瓦の特徴も備えている。また出土した軒丸・軒平瓦は鴻臚館式瓦であり鴻臚館，大宰府政庁跡でみつかった瓦と同じ木枠で造られた可能性が高いことから，墓ノ尾遺跡群1号窯跡から供給した可能性が極めて高い。

弥生前期の家形土製品 福岡市西区の拾六町平田遺跡で福岡市教育委員会による発掘調査が行なわれ，弥生時代前期後半の家形土製品がみつかった。土製品は入母屋か寄せ棟の住居の屋根のような形で平面形は6cm×5cmを測る楕円形で，高さは4cmを測る。底部中央に直径1cmの円形の穴があり，側面と正面には刺突文が施されていた。出入口らしいものもある形からみて竪穴式住居の土製品とみられ，底の穴に棒を差し込んで祭祀に使われたとみられている。同遺跡ではこれまで弥生時代前期の河川や溝，土坑などがみつかっており，この土製品は河川の埋め土の中から弥生土器とともに出土した。

─────中国地方

丘陵斜面から銅鐸 井原市下稲木町の丘陵斜面から銅鐸がみつかり岡山県教育委員会が調査を行なった。現場は市内南部の平野に張り出した標高約100mの丘陵の斜面で，長径55cm，短径・深さともに35cmの土坑の中に鈕の部分を山頂方向に向け，ほぼ水平にして納められていた。銅鐸は扁平鈕式六区袈裟襷文とよばれるもので，高さ44.3cm，裾部の長径23cmで，片側が欠落していた。時期は弥生時代中期後半に比定される。3年前に同じ銅鐸の欠落部分の一部が出土しているほか，現場から約30m北西でも約200年前に極めて似た形の銅鐸が出土，さらに岡山市兼基出土例とも類似している。

■考古学界ニュース■

2万年前の旧石器 倉敷市教育委員会が発掘調査を行なった倉敷市児島唐琴町の王子ケ岳山麓で尖頭器やナイフ形石器など約20点がみつかった。現場は海岸線から約50m離れた松林の中にあり，同市内での旧石器時代の調査は戦後間もなく行なわれた鷲羽山遺跡以来となった。地表下約2mまでの地層から長さ約5cmの尖頭器や掻器，ナイフ形石器などがみつかったが，いずれも四国のサヌカイト製で，遺構はみつかっていない。

江戸時代上級武士の墓 岡山市富原の池田家大岩墓所にある池田家の墓移転に伴い，岡山県古代吉備文化財センターが立会い調査を行なったところ，その内の1基，池田志津馬森英の墓で深さ7mの大規模な墓室の構造が明らかになった。一辺6mの墓室上面から階段状に墓室が狭まり，深さ7mのところに東西90cm，南北70cm，高さ90cmの木製座棺が安置されていた。棺の回りは漆喰や板，木炭で囲まれ，天井部は粘土と漆喰，粘土を被せ，さらに全体を木炭で覆うという手の込んだ造りだった。棺の中には刀，脇差し各1点と矢立て，手鏡，古銭などが副葬されていた。この墓地は池田家支流になる池田輝澄の子，武憲一族のもので，すべてに墓石・墓誌が残り，同一族には勘解由・志津馬の通称をもつ。森英（天明8年没）は禄高は約4千石。墓石・墓誌から森英のものと判明した。

7世紀初頭の八角形墳 魚の彩色壁画で知られる鳥取県岩美郡国府町岡益の梶山古墳（国史跡）はこれまで径20mの円墳とされていたが，最近行なわれた国府町教育委員会の調査で変形の八角形墳であることがわかった。裾部の墳丘を覆う外護列石か石垣の列とその外側の周溝から八角形であることがわかったもので，南面する凝灰岩製切石造りの横穴式石室を軸として，うちわのような形をもつ。石室正面の左右の辺は各8.5m，そのほかは5.6mで，角の1つは正八角形の135度に近い140度あった。また一度掘られた周溝が埋められたあと，盛土をして新たに溝を造るなど，規模を拡張した様子もうかがえる。さらに2段築成であることもわかった。天皇陵などが正八角形であるのに対して梶山古墳のように変形をなす八角形古墳は初の例。

――――――――四国地方

最終段階の銅鐸 鮎喰川左岸の標高10mの微高地に形成された矢野遺跡（徳島市国府町矢野）で徳島県埋蔵文化財センターによる発掘調査が行なわれ，弥生時代後期の銅鐸が埋納当時のままの状態で発見された。銅鐸は高さ97.8cm，胴直径約45cmで，突線鈕式六区袈裟襷文銅鐸とよばれるもの。縦137cm，横61cm，深さ50cmの穴の中に鰭を上下にした状態で埋められていた。埋納地は集落の中心部で，丁寧に埋められており，掘り返した跡もないことから，最終的に埋められた銅鐸と考えられる。似た銅鐸として和歌山県日高郡雨乞山例がある。遺跡は縄文時代後期から平安時代へかけての大規模な集落跡で，付近には源田遺跡，名東遺跡など銅鐸を出土した所がある。

――――――――近畿地方

葬送？を表わす装飾付須恵器 赤穂市の東有年・沖田遺跡で赤穂市教育委員会による発掘調査が行なわれ，葬送の様子か祭りの一場面といった特定の行事の様子を表わしたと思われる装飾付須恵器が発見された。この須恵器は6世紀後半の円墳（直径23m）の石室が破壊された際に，周濠内に投棄されたと考えられる状態で出土し，5個の破片に割れていた。復元し たところ，胴の直径約20cmの須恵器で，肩部に直径，高さとも約5cmの3個の子壺（現存2個）とこの子壺の間に高さ約2cmの人物像12個がとりつけられていた。人物像は10体前後が一群を構成し，全部で三群あったと思われるが完全に残っていたのは一群のみだった。中央の人物は唯一顔面の表現があり，手を合わせて体を反らしている。この人物の正面に向かい合うように1人，その両側には子供を背負って座する人，子供もしくは動物と向かい合って立つ人がいる。

古墳後期の網代壁 淡神文化財協会が発掘を進めている神戸市北区八多町の下小名田遺跡で薄い板を編んで作った網代壁が発見された。長さ3m，幅2.5mの大きさで，杭を打ち込むなど堰・護岸整備された長さ25mの水路の中央部分から古墳時代後期の土器約20点とともにみつかった。材質は檜で，幅1.8cm，厚さ1〜2mm，長さ約3mの細長い薄板を3本とばしの1本潜りで丁寧に織り込んでいる。また下部には植物繊維を含んだ腐植土の層があることから，裏側は草壁になっていたらしい。作りが非常に精巧なことから，家形埴輪・家屋文鏡に描かれている豪族などの建物の飾り壁（網代壁）とみられている。

弥生の館跡から竪板塀 先に方形区画がみつかった川西市加茂1丁目の加茂遺跡で弥生時代中期の掘立柱式建物跡とそれを四角に囲む南北二重・東西一重の板塀跡が発見され，魏志倭人伝に記された卑弥呼の館のイメージと一致することが判明した。建物跡は直径0.7〜1mの柱穴が3.5mと4.5m間隔で並び，大型の高床式建物の可能性がある。溝は最初柵か土塁とみられていたが，溝の底に厚さ約5cm，幅30cmの板を垂直に立て並べた痕跡が9カ所みつかっ

発掘調査

たことから高さ2mほどの竪板塀によって一般の集落とはっきり区別していたことがわかった。板塀は溝や柵に比べて密閉性が高く、神秘的な神殿のような建物の可能性もある。同遺跡は猪名川右岸にある旧石器時代～平安時代の複合遺跡で、これまでに弥生時代中期の竪穴住居跡28軒、方形周溝墓12基、環濠の一部などが検出され、多数の土器・石器も出土しており、約20万m²の広さの弥生時代中期の大規模集落であることが明らかになっている。

江戸期の輸入陶磁器 大阪市教育委員会と大阪市文化財協会が発掘調査を行なった大阪市中央区道修町1丁目のビル建て替え工事現場で江戸時代の屋敷跡がみつかり中国、ベトナム、タイなどから輸入された陶磁器が大量に発見された。17世紀前半から同中葉にかけての排水施設の跡やごみ捨て穴などから李氏朝鮮製10点、中国製の長胴瓶30点、タイ製の壺6点が出土、また17世紀後半から18世紀前半にかけての層では土蔵跡がみつかり、近くの穴蔵跡からは約350点の陶磁器が出土、中国製約250点、ベトナム製15点などの輸入品のほか、伊万里焼、京焼なども含まれていたが、大半は高級品だった。道修町は17世紀前半に最初の薬問屋や荷受問屋が開かれ、現在に至っているが、こうした豊富な輸入陶磁器の出土は富裕な商人の存在を推定させる。

円筒埴輪7基 枚方市教育委員会と(財)枚方市文化財研究調査会が発掘調査を行なっていた枚方市伊加賀寿町の姫塚古墳で周濠の中から円筒埴輪の破片が出土し、ほぼ完全な形に復元できるものが7基あることがわかった。高さ45cmから60cm、口径はいずれも25cmくらいで、ほかに朝顔形埴輪や蓋形埴輪などの形象埴輪もみつかった。姫塚古墳は江戸時代の

地誌などから9世紀の百済王女墓とされていたが、出土した埴輪から5世紀後葉頃の古墳であることがわかった。現在東西6m、南北11m、高さ3mの墳丘を留めているが、深さ約1mの周濠からみて直径約40mの円墳か前方後円墳の後円部と考えられ、前方後円墳とすれば全長70～80mの規模になる。

7世紀の大型方墳 御所市南郷の南郷遺跡で奈良県立橿原考古学研究所による発掘調査が行なわれ、7世紀初めの大型方墳が新たに発見された。墳丘は一辺19mで、各辺には貼り石が、幅4mの周濠の内側にも貼り石が施されていた。周濠の西と北側には幅4.5mの平坦面が設けられ、さらにその外側に幅0.8mの浅い溝が巡っていた。墳丘中央部には長さ10.5m、幅1.9mの横穴式石室の痕跡があったが、石材は羨道部を除いてなくなっており、凝灰岩製の家形石棺も粉々に壊されていた。墳丘の規模は石舞台古墳の約1/2だが、構造はよく似ている。この古墳は字名をとってハカナベ古墳と名づけられたが古墳は5世紀中ごろの集落を壊して造られていた。

弥生中期の建物を描く土器片 京都市中京区錦小路通室町東入ルの烏丸綾小路遺跡で京都市埋蔵文化財研究所による発掘調査が行なわれ、建物を線刻した弥生時代中期の土器片がみつかった。土器片は縦横ともに13cmほどのもので、壺の一部と推定される。右半分に斜線で描かれた屋根があり、棟の端に渦巻き状の飾りが描かれていた。また斜めに張り出す屋根を支える柱とみられるやや太い縦線も認められた。土器に建物を描くことは大和では奈良県唐古・鍵遺跡で著名であるが、今回の発見で分布が山城地域にまで広がることになった。

斎宮の内院？ 三重県多気郡明

和町の国史跡・斎宮跡で三重県斎宮歴史博物館による発掘調査が行なわれ、その中心施設の一部とみられる建物跡が初めて発見された。一辺約1.2mの柱掘形に直径35～40cmの掘立柱の穴が約2.4m間隔で7つみつかり、すぐ内側にも建て替えとみられる6つの柱穴が確認されたもので、南北5間、東西1間以上の建物とみられる。調査区の北端と東端にはこの建物を囲むように直径30cm前後の柵の柱穴が約3.0m間隔で2列みつかった。また祭祀に使われたらしい土師器の杯や皿などを処分した土器溜めも発見された。この一画が奈良後期～平安前期の方格地割の中央部に位置し、柱跡が斎宮跡では最大級の規模であること、これまでの調査で近くから土器溜め十数ヵ所が確認されていることなどから、斎王の居館である内院の一部である可能性が強いとみられている。なお斎王は天皇の名代として伊勢神宮に遣わされた皇女らで、この制度は7世紀後半から14世紀半ばまで約660年続いた。

―――――中部地方

中世墓から硯箱 武生市家久町の家久遺跡で武生市教育委員会による発掘調査が行なわれ、平安時代末期から鎌倉時代初期のものと推定される木製の黒漆塗り硯箱が発見された。この硯箱は鉄製太刀や漆塗りの烏帽子、白磁四耳壺などとともに副葬品として納められていたもので、縦22cm、横20cmの隅丸方形。2段重ねの構造になっていて、下段部の左半分に中国製とみられる石硯、銅製の水滴があり、右半部に墨2点が確認された。墓に納めた硯箱としては最古の例だが、硯箱を墓に副葬する風習は日本にないため、被葬者は渡来系の官人である可能性もある。

■考古学界ニュース■

―――――――関東地方

喜多院旧境内から多くの遺物
川越市小仙波町1丁目の喜多院旧境内（喜多院境内遺跡）で川越市遺跡調査会による初の本格的な発掘調査が行なわれ，井戸跡などから多くの遺物が出土した。現場は喜多院山門の北東約100mで，江戸時代の喜多院所蔵の絵図によると，「星行坊」とよばれた宿坊があった場所にあたる。遺跡からは寛永15年の大火で焼失したと思われる建物の瓦や礎石，陶磁器，茶臼などを捨てて埋めた井戸跡が発見され，本瓦葺きの建物の存在が裏づけられた。そのほか，鎌倉時代末から戦国時代にかけての墓，井戸，溝などが出土，嘉暦元年（1326年）銘の板碑，江戸時代の遺物（瓦，陶磁器，水晶製仏具，青銅製仏具，ガラス容器など）がコンテナに約200箱分発見された。関東天台宗の総本山として知られる喜多院は江戸時代の初め，天海僧正が入って隆盛を極め，当時の寺域は5万4千坪もあったとされている。

縄文前期の犬の埋葬　富士見市教育委員会による国指定史跡・水子貝塚の調査で，縄文時代前期（黒浜式）の埋葬した犬の骨が発見された。犬の骨は広さ6.5×7.8mの竪穴住居跡の柱穴の一つから出土し，体を横向きにして丸めて置かれていた。1992年3月には同じ住居跡のほぼ中央から成人女性の全身骨格が出土しており，人骨を挟んで反対側の柱穴からは犬の牙を加工した垂飾も出土している。これらは当時の「住居跡」と人間と犬の関わりを示す貴重な資料である。別の住居跡からは，サメの歯を利用した垂飾も発見されている。

101体の集団埋葬人骨　取手市小文間の中妻貝塚で中妻貝塚発掘調査団による調査が行なわれ，縄文時代後期前葉に一括埋葬された人骨が101体にのぼることがわかった。遺骨のほとんどは頭蓋骨の内部が空洞になっており，これは集団埋葬する二次埋葬の前に風葬した証拠とみられている。これらの人骨を埋葬した土壙は180×185cmのほぼ円形で，深さ約240cm。埋葬した当時の地表は底部から110cmほどあった。人骨は国立歴史民俗博物館の西本豊弘助教授が詳しい分析を行なっている。

上植木廃寺から掘立柱建物跡
伊勢崎市本関町の上植木廃寺で伊勢崎市教育委員会による発掘調査が行なわれ，中心伽藍の北側に直径30cmほどの柱穴跡が32ヵ所，南北・東西方向に整然と並んでいるのが発見された。この掘立柱建物は南北10m，東西14mで，講堂と同じくらいの規模があり，中門から金堂，講堂を結ぶ中心軸上にあることから僧房か食堂などの施設と推定されている。また建物の四面には庇がつくものと考えられる。同廃寺は7世紀後半の創建とされ，これまでに回廊に囲まれた金堂や塔などの伽藍部分（南北72m，東西67m）や柵列・溝で仕切られた寺域（南北238m，東西115m）が確認されている。

―――――――東北地方

青森からオホーツク式土器　青森県下北半島（下北郡脇野沢村）の瀬野遺跡で同郡川内町在住の寺田徳穂氏が戦時中に見つけていた土器片2点が，鈴木克彦青森県埋蔵文化財調査センター課長，宇田川洋東大助教授によって7〜8世紀頃に北海道北東部のオホーツク海沿岸から樺太方面に栄えたオホーツク文化圏の遺物であることが確認された。2点の深鉢と甕型の土器片（大きさは5cm位）は，短刻文や櫛歯状型押文が施文された8世紀前後のオホーツク式土器で，本州では初めての発見である。今回の発見で，オホーツク文化圏から本州に通じる人の流れがあったことが証明された。

―――――――九州地方（追加）

弥生後期の六重環濠集落　福岡県甘木市平塚の平塚川添遺跡で甘木市教育委員会による発掘調査が行なわれ，幅20m，深さ2mを越す巨大な六重目の環濠がみつかった。第六環濠には間隔をあけて打ち込まれた丸太の根元部分が残っていることから，柵列があったとみられている。六重の濠のうち3，4重目は自然流路に手を加えて水濠にした可能性が強い。この環濠は弥生時代後期中ごろに築造され，終末期まで集落として使用されたとみられる。なお，第1環濠の内部は南北約300m，東西約150mあり，広さは3.6haある。300軒を越える竪穴住居跡や井戸跡が発見され，住居跡からは銅鏃や銅矛片，小型仿製鏡，後漢鏡片，石棺墓や甕棺墓十数基の中からはガラス製小玉などが発見された。とくに小型仿製鏡（直径7.4cm）は同遺跡から西へ約20km離れた佐賀県北茂安町の白壁白石遺跡で出土したものと同笵関係にある。

―――――――学界・その他

日本考古学協会第59回総会　5月2日（日），3日（月）の両日，東京都杉並区の明治大学和泉校舎（京王線明大前駅下車，徒歩5分）において開催される。第1日目は総会と公開講演会，2日目は研究発表が行なわれるほか，群馬県矢瀬遺跡や徳島県矢野遺跡，滋賀県雪野山古墳，鎌倉市今小路西遺跡など最近話題になった発掘調査の成果がスライドを用いて速報される。なお，今回は会場の都合で従来の図書販売はなく，見本展示とカタログによる注文形式で行なわれる。期間は2日午後と3日の両日。講演と研究発表は次の予定。

発掘調査・学界

<公開講演>
　佐原　眞：「考古学と現代」
　戸沢充則：「岩宿時代とその研究」
<研究発表>
　堅田　直・村上征勝・植木　武：計量考古学への道―データ解析における新しいパースペクティブ―
　岩崎卓也・西野　元・脇田重雄・浅野一郎・常木　晃・滝沢　誠：シリア・イドリブ県エル・ルージュ盆地における考古学的調査
　猪熊兼勝・Claudio Cristino：イースター島アフ・トンガリキ遺跡の調査
　山口卓也：兵庫県板井寺ヶ谷遺跡下位文化層の遺物分布構造
　安蒜政雄・小杉　康：先土器・縄文時代黒曜石原産地遺跡群における原石採掘と石器製作
　桜井準也：神奈川県藤沢市南鍛冶山遺跡の調査―縄文時代草創期における居住活動について―
　宮内良隆・西本豊弘：茨城県取手市中妻貝塚における多数合葬の考察
　平林　彰："敷石住居体制"下の"北村文化"について―縄文人骨300体が出土した長野県北村遺跡の調査成果―
　小林正史：東北地方・縄文晩期後半の単位文様手法
　秋山進午・伊東太作・岡村秀典・宮本一夫・大貫静夫・廣川　守：東アジアにおける文明の源流の考古学的研究
　伊藤秋男：慶州皇南洞109号墳出土の馬冑―馬冑の型式と系譜の問題を中心として―
　小野真一：静岡県内における弥生文化の波及期―黒潮ルートの可能性を追って―
　岩崎直也：弥生集落復元へのアプローチ―集落経営の拠点を考える―
　古川　登：北陸の四隅突出型墳丘墓について
　小林三郎・中島広顕：東京都豊島馬場遺跡の方形周溝墓群とその性格
　小沢　毅：平城宮式部省の調査研究
　中束耕志・高島英之・遠藤俊爾：群馬県高崎市大八木屋敷遺跡の調査
　森村健一：中・近世都市堺―都市計画・拡大論―
　菅原正明：紀州における近世瓦の系譜

「倭国」展　京都国立博物館と毎日新聞社の主催による「倭国―邪馬台国と大和王権」展が3月23日より京都市東山七条の京都国立博物館において開かれている（5月9日まで）。同展は邪馬台国を核とした連合国家からやがて大和王権による統合へと向かう古代国家の胎動のありさまを、近年出土した考古資料と復元模型などによってわかりやすく展示するもので、国宝・重要文化財約60件、出品点数約650点。この中には石上神宮所蔵の七支刀、桜ヶ丘遺跡出土銅鐸、広峯古墳出土「景初四年」銘三角縁神獣鏡、平原遺跡出土遺物、吉野ヶ里遺跡出土遺物、荒神谷遺跡出土銅剣、藤ノ木古墳出土遺物、雪野山古墳出土遺物などが含まれている。なお、京都のあとは5月21日～6月20日名古屋市博物館、6月29日～7月25日茨城県立歴史館、8月3日～8月29日福岡市博物館でも開催される。また関連して開かれる土曜講座は今後次の通り。
<4月24日>
　花谷　浩：古墳時代の鞍
<5月1日>
　高橋美久二：木の埴輪と土の埴輪
<5月8日>
　森　郁夫：内乱から統一へ―7世紀への展望

特別展「大和古寺の仏たち」
東京国立博物館本館において4月13日より開かれている（5月23日まで）。同展は法隆寺、薬師寺、興福寺、東大寺、唐招提寺、西大寺、大安寺、元興寺、法華寺、秋篠寺、白毫寺、岡寺、橘寺、室生寺、当麻寺、安産寺など、大和の古寺の仏像42点が一堂に会するもので、この大部分は国宝、重要文化財に指定されている。なお、展示は寺院ごとの配置で構成されている。また5月15日には「南都仏教と仏たち」と題する堀池春峰東大寺史研究所長の記念講演会も予定されている。

「荘園絵図とその世界」展　千葉県佐倉市の国立歴史民俗博物館において3月16日より開かれている（5月16日まで）。鎌倉～南北朝期を中心に描かれた荘園絵図は今日約200点残されており、中世社会の有様を知るための貴重な資料となっているが、同展では代表的な荘園絵図を一堂に展示して、最新の研究成果に基づく分類や個々の絵図に解説を加え、荘園絵図が理解できるよう提示されている。展示は荘園絵図の世界、荘園絵図と庶民生活、コンピューターによる荘園情報の検索にわかれており主な展示物は次の通り。額田寺伽藍并条里図（国宝）、近江国葛川明王院領絵図（重文）、近江国比良庄絵図、法隆寺領播磨国鵤庄絵図、大和国西大寺領絵図、大和国添下郡京北班田図

■第44号予告■

特集　縄文時代の家と集落

1993年7月25日発売
総112頁　2,000円

総　論……………………………小林達雄
住居論
　　竪穴住居の形態………………山本暉久
　　竪穴住居の面積………………武藤康弘
　　竪穴住居の間取り……………金井安子
集落論
　　環状集落の構造と類型………丹羽佑一
　　集落人口………………………羽生淳子
　　縄文集落の変遷―北海道………長沼　孝
　　縄文集落の変遷―東北地方……冨樫泰時
　　縄文集落の変遷―関東地方……小薬一夫
　　縄文集落の変遷―九州地方……新東晃一

食料貯蔵……………………………塚本師也
セトルメントシステム論
　　縄文時代の集落の領域…………谷口康浩
　　集落の景観………………………千野裕道
　　縄文時代のセトルメントシステム
　　………………………………………可児通宏
　　遊動と定住………………………原田昌幸

<連載講座>　縄紋時代史　18……林　謙作
<最近の発掘から>
<書　評>　　　　<論文展望>
<報告書・会誌新刊一覧><学界ニュース>

編集室より

◆「記紀をはじめ古典には鏡の神威を物語る伝承がしばしば記される」（車崎正彦）とあるように，鏡はどうしても権威の象徴として捉えられるようだ。八咫鏡の話が，わたしたちにはもっとも馴染みがあるが，伊勢神宮の内宮に天照大神の御魂代としていまなお，尊崇の対象となっているのからみれば，一読者としてもなかなか否定できないにちがいない。鏡は水の鏡が最初であったという（水野清一）。自分の顔の映るのをみて驚いたことが最初であるとすれば，鏡のもつ呪力は相当なものと解されるであろう。原始の世界を垣間みるような思いもついて廻る。　　　　　　　（芳賀）

◆日本の鏡には和鏡のように独特なものもあるが，本特集では弥生と古墳時代の鏡に限ってとりあげた。鏡には配布，鋳造の問題など政治体制と深くかかわった面が考えられ，興味深いものがある。鏡は宝器として副葬されただけに多くの重要な問題を含んでいるといえよう。とくに一昨年，永年の関係者の努力の末ようやく報告書が完成した平原遺跡出土の内行花文鏡のように，径が46.5cmにも及ぶ超大型のものが果たして弥生時代に作られたものなのかどうか，また三角縁神獣鏡の製作地の問題など，今後の議論の発展が注目される。　　　　　　　　（宮島）

本号の編集協力者――高倉洋彰（西南学院大学教授）
1943年福岡県生まれ，九州大学大学院修了。『弥生時代社会の研究』『図説中国古代銅鏡史』「初期鉄器の普及と画期」（九州歴史資料館研究論集10）などの著・訳・論文がある。

車崎正彦（早稲田大学埋蔵文化財調査室）
1954年群馬県生まれ　早稲田大学卒業。『お伊勢山遺跡の調査第4部』「常陸久慈の首長と埴輪工人」（古代探叢）「江川山の鏡」（上尾市調査概報1）などの編著・論文がある。

■本号の表紙■
倭鏡の図像

　奈良県北葛城郡広陵町の新山古墳は墳丘全長127mの前方後方墳，明治18年出土の数多くの副葬品に34面の鏡もある。表紙写真はその1面，方格規矩獣紋鏡とか博局獣紋鏡と呼ばれる，1世紀前半頃の中国鏡を直接模写の倭鏡である。中国鏡と比較すれば原鏡は四神など8霊獣と隙間の小像が瑞奇を顕わす精緻な図像と知れるが，克明な模刻でもこの倭鏡だけをみて本来の図像は想像しがたい。しかも原鏡を忠実に鋳型に刻すため作品の図紋は反転し，また他鏡式から置換の紋様も配して鏡式の通則を逸脱する。まさに倭鏡の特質を如何なく発露する図像は，倭人の怪異な呪術世界を空想させるかにもみえる。
（写真提供・宮内庁）　　　　　　（車崎正彦）

▶本誌直接購読のご案内◀

『季刊考古学』は一般書店の店頭で販売しております。なるべくお近くの書店で予約購読なさることをおすすめしますが，とくに手に入りにくいときには当社へ直接お申し込み下さい。その場合，1年分の代金（4冊，送料は当社負担）を郵便振替（東京3-1685）または現金書留にて，住所，氏名および『季刊考古学』第何号より第何号までと明記の上当社営業部まで送金下さい。

季刊 考古学　第43号　　　　1993年5月1日発行
ARCHAEOLOGY QUARTERLY
定価 2,000円
（本体1,942円）

編集人　芳賀章内
発行人　長坂一雄
印刷所　新日本印刷株式会社
発行所　雄山閣出版株式会社
　〒102　東京都千代田区富士見2-6-9
　電話　03-3262-3231　振替　東京3-1685

◆本誌記事の無断転載は固くおことわりします
ISBN4-639-01159-8　printed in Japan

季刊 考古学 オンデマンド版　第 43 号　1993 年 5 月 1 日　初版発行
ARCHAEOROGY　QUARTERLY　2018 年 6 月 10 日　オンデマンド版発行
定価（本体 2,400 円＋税）

　　　　編集人　　芳賀章内
　　　　発行人　　宮田哲男
　　　　印刷所　　石川特殊特急製本株式会社
　　　　発行所　　株式会社　雄山閣　http://www.yuzankaku.co.jp
　　　　　　　　　〒102-0071　東京都千代田区富士見 2-6-9
　　　　　　　　　電話 03-3262-3231　FAX 03-3262-6938　振替　00130-5-1685

◆本誌記事の無断転載は固くおことわりします　　ISBN 978-4-639-13043-7　Printed in Japan

初期バックナンバー、待望の復刻!!

季刊 考古学 OD　創刊号〜第 50 号〈第一期〉

全 50 冊セット定価（本体 120,000 円＋税）　セット ISBN：978-4-639-10532-9

各巻分売可　各巻定価（本体 2,400 円＋税）

号　数	刊行年	特集名	編　者	ISBN（978-4-639-）
創刊号	1982 年 10 月	縄文人は何を食べたか	渡辺 誠	13001-7
第 2 号	1983 年 1 月	神々と仏を考古学する	坂詰 秀一	13002-4
第 3 号	1983 年 4 月	古墳の謎を解剖する	大塚 初重	13003-1
第 4 号	1983 年 7 月	日本旧石器人の生活と技術	加藤 晋平	13004-8
第 5 号	1983 年 10 月	装身の考古学	町田 章・春成秀爾	13005-5
第 6 号	1984 年 1 月	邪馬台国を考古学する	西谷 正	13006-2
第 7 号	1984 年 4 月	縄文人のムラとくらし	林 謙作	13007-9
第 8 号	1984 年 7 月	古代日本の鉄を科学する	佐々木 稔	13008-6
第 9 号	1984 年 10 月	墳墓の形態とその思想	坂詰 秀一	13009-3
第 10 号	1985 年 1 月	古墳の編年を総括する	石野 博信	13010-9
第 11 号	1985 年 4 月	動物の骨が語る世界	金子 浩昌	13011-6
第 12 号	1985 年 7 月	縄文時代のものと文化の交流	戸沢 充則	13012-3
第 13 号	1985 年 10 月	江戸時代を掘る	加藤 晋平・古泉 弘	13013-0
第 14 号	1986 年 1 月	弥生人は何を食べたか	甲元 真之	13014-7
第 15 号	1986 年 4 月	日本海をめぐる環境と考古学	安田 喜憲	13015-4
第 16 号	1986 年 7 月	古墳時代の社会と変革	岩崎 卓也	13016-1
第 17 号	1986 年 10 月	縄文土器の編年	小林 達雄	13017-8
第 18 号	1987 年 1 月	考古学と出土文字	坂詰 秀一	13018-5
第 19 号	1987 年 4 月	弥生土器は語る	工楽 善通	13019-2
第 20 号	1987 年 7 月	埴輪をめぐる古墳社会	水野 正好	13020-8
第 21 号	1987 年 10 月	縄文文化の地域性	林 謙作	13021-5
第 22 号	1988 年 1 月	古代の都城―飛鳥から平安京まで	町田 章	13022-2
第 23 号	1988 年 4 月	縄文と弥生を比較する	乙益 重隆	13023-9
第 24 号	1988 年 7 月	土器からよむ古墳社会	中村 浩・望月幹夫	13024-6
第 25 号	1988 年 10 月	縄文・弥生の漁撈文化	渡辺 誠	13025-3
第 26 号	1989 年 1 月	戦国考古学のイメージ	坂詰 秀一	13026-0
第 27 号	1989 年 4 月	青銅器と弥生社会	西谷 正	13027-7
第 28 号	1989 年 7 月	古墳には何が副葬されたか	泉森 皎	13028-4
第 29 号	1989 年 10 月	旧石器時代の東アジアと日本	加藤 晋平	13029-1
第 30 号	1990 年 1 月	縄文土偶の世界	小林 達雄	13030-7
第 31 号	1990 年 4 月	環濠集落とクニのおこり	原口 正三	13031-4
第 32 号	1990 年 7 月	古代の住居―縄文から古墳へ	宮本 長二郎・工楽 善通	13032-1
第 33 号	1990 年 10 月	古墳時代の日本と中国・朝鮮	岩崎 卓也・中山 清隆	13033-8
第 34 号	1991 年 1 月	古代仏教の考古学	坂詰 秀一・森 郁夫	13034-5
第 35 号	1991 年 4 月	石器と人類の歴史	戸沢 充則	13035-2
第 36 号	1991 年 7 月	古代の豪族居館	小笠原 好彦・阿部 義平	13036-9
第 37 号	1991 年 10 月	稲作農耕と弥生文化	工楽 善通	13037-6
第 38 号	1992 年 1 月	アジアのなかの縄文文化	西谷 正・木村 幾多郎	13038-3
第 39 号	1992 年 4 月	中世を考古学する	坂詰 秀一	13039-0
第 40 号	1992 年 7 月	古墳の形の謎を解く	石野 博信	13040-6
第 41 号	1992 年 10 月	貝塚が語る縄文文化	岡村 道雄	13041-3
第 42 号	1993 年 1 月	須恵器の編年とその時代	中村 浩	13042-0
第 43 号	1993 年 4 月	鏡の語る古代史	高倉 洋彰・車崎 正彦	13043-7
第 44 号	1993 年 7 月	縄文時代の家と集落	小林 達雄	13044-4
第 45 号	1993 年 10 月	横穴式石室の世界	河上 邦彦	13045-1
第 46 号	1994 年 1 月	古代の道と考古学	木下 良・坂詰 秀一	13046-8
第 47 号	1994 年 4 月	先史時代の木工文化	工楽 善通・黒崎 直	13047-5
第 48 号	1994 年 7 月	縄文社会と土器	小林 達雄	13048-2
第 49 号	1994 年 10 月	平安京跡発掘	江谷 寛・坂詰 秀一	13049-9
第 50 号	1995 年 1 月	縄文時代の新展開	渡辺 誠	13050-5

※「季刊 考古学 OD」は初版を底本とし、広告頁のみを除いてその他は原本そのままに復刻しております。初版との内容の差違は
　ございません。

「季刊 考古学　OD」は全国の一般書店にて販売しております。なるべくお近くの書店でご注文なさることをおすすめしますが、とくに手に入り
にくいときには当社へ直接お申込みください。